FOTOFEST 1992

THE INTERNATIONAL MONTH OF PHOTOGRAPHY
MARCH 7 - APRIL 5

Dedicated to the memory of María Eugenia Haya (Marucha), a remarkable Cuban photographer and historian.

Dedicado a la memoria de María Eugenia Haya (Marucha), notable fotógrafa e historiadora cubana.

© Mel Rosenthal

Marucha was at work on a history of Latin American photography when she died of cancer last year. During her lifetime (1944-1991), her apartment in Havana became a daily meeting place for photographers, film-makers, musicians, and writers from many countries. In addition to her photography, writing, and curating, she started FotoTeca, one of the first archives for Latin American and Cuban photography. She was an important force in making Latin American photography known to the world. She is missed by the many people who knew and loved her.

Marucha estaba preparando una historia de la fotografía latinoamericana cuando falleció de cáncer el año pasado. Durante su vida (1944-1991), su apartamento en La Habana pasó a ser el lugar de encuentro para fotógrafos, cinematógrafos, músicos y escritores de muchos países. Además de sus fotografías, obras escritas y labores de curaduría, ella fundó a FotoTeca, uno de los primeros archivos de fotografía cubana y latinoamericana. Fue una potencia reconocida en el esfuerzo de que se diera a conocer la fotografía latinoamericana en el mundo. Será añorada por todos los que la conocían y querían.

FotoFest
Innova Design Center
20 Greenway Plaza, Suite 368
Tel. 713 840-9711
Fax 713 840-7638

ISBN 0-9619766-2-4
Library of Congress Catalog Card Number: 91-78041
© Houston FotoFest, Inc.
All rights reserved
Design: Easterly & Company
Production: Mockingbird Communications
Printing: Wetmore & Company, Houston, Texas

GOLD
Professional Imaging of Eastman Kodak Company

SILVER
British Airways
Continental Airlines, Inc.

BRONZE
The Houston Post
Randall's Food Markets, Inc.
Texas Commerce Bancshares, Inc.

PROGRAM SPONSORS

Affiniti Travel
American Photo
Bank One, Texas, NA
Browning-Ferris Industries, Inc.
Deloitte & Touche
Houston Coca-Cola Bottling Co.
Leica Camera, Inc.
Olympus Corporation
PENTAX Corporation
The Photographic Arts Center
Proler International Corp.
Southwestern Camera

MEDIA SPONSORS

KIKK 95.7 FM
KLDE Oldies 94.5
KPRC AM950
KPRC-TV Channel 2
KRIV-TV Fox 26
KRTS 92FM
KUHF 88.7FM
KXLN TV 45
KXYZ Radio 13
Patrick Media
Storer Cable Communications
SUNNY 99.1
Warner Cable
Y98.5 FM

EXHIBITION SPONSORS

Aero Mexico
Air France
British Arts Council
Goethe-Institut, Houston
KLM Royal Dutch Airlines
Kulkoni, Inc.
The Netherlands Office for Fine Arts
    The Ministry of Health, Welfare and
    Culture
Siderca Corporation
United Colors of Benetton

OTHER SPONSORS

Characters & One Works
Chroma Copy International
Ilford Photo Corp.
Imperial Sugar Company
JMB Properties
National Convenience Stores
Texaco U.S.A.
Varig Brazilian Airlines
Weiner's Stores

FOUNDATIONS

The Anchorage Foundation
Blaffer Foundation
The Brown Foundation
The Cullen Foundation
Cultural Arts Council of Houston
James R. Dougherty Jr. Foundation
Englehard Foundation
The Endowment Fund of the Jewish
    Comunnity of Houston
Enron Foundation
The Favrot Fund
The Greentree Fund
Houston Endowment, Inc.
Harris and Eliza Kempner Fund
Texas Commission for the Arts
The Meadows Foundation
The Powell Foundation
The Samuels Foundation
C. Ray Todd Charitable Trust
Trust for Mutual Understanding
The Vaughan Foundation
The Webber Foundation
Weems Foundation
Abe and Rae Weingarten Fund
The Wortham Foundation
Margaret Cullinan Wray Charitable Lead
    Annuity Trust

As a nonprofit organization, FotoFest is able to bring international exhibitions and photographic opinion-makers that reflect a wide range of interests and artistic concerns. The generous support of our sponsors allows FotoFest to provide an open forum and further opportunities for international education. Companies and individuals who wish to support this effort may become Gold Sponsors ($200,000), Silver Sponsors ($100,000), Bronze Sponsors ($50,000), Sponsors ($5,000), Friends of FotoFest ($1,500), or Contributors.

FotoFest presents a biennial International Month of Photography in Houston that provides an opportunity to see major photographic works by well-known and newly-discovered photographers from around the world. FotoFest also encourages an interchange of ideas and viewing possibilities in the Meeting Place, the Lectures Series, Workshops, Performing Arts Spaces, and Interactive Programs. Literacy through Photography is a year-round program promoted by FotoFest in Houston schools.

BOARD OF DIRECTORS

Alan R. Buckwalter
Chairman

Frederick C. Baldwin
President

Joseph H. Allen
Chris Brewster
Paul B. Clemenceau
Stewart Cureton, Jr.
Herman E. Detering
Michael H. Heath
Gerald D. Hines
James C. Kempner
David J. Kirkpatrick
Melanie Lawson
James Edward Maloney
Adelaide de Menil
John E. (Sandy) Parkerson
R. Stan Pieringer
R. Alan Rudy
Anne W. Tucker
Mary Harvey Vasen
Wendy Watriss
W. Temple Webber, III
Andy Weiner

STAFF

Harla D. Kaplan
Executive Director

Carolyn Richards Hooper
Exhibitions and Publications Coordinator

Diane K. Barber
Exhibitions and Publications Assistant

Pinki Morin-Cantu
Administrative Coordinator

Cathy Earnest
Volunteers and Meeting Place

Donise Whited
Operations Coordinator

Christina Martinez
Operations Assistant

David Brown
Education Coordinator

INTERNS
Jennifer Binder
Alice M. Calverley
Janna Clary
Debbie De Werd
Rachel Foss
Alan Freeling
Ron Fue
Lloyd Gervais
Sam Ghormley
Asaf Golar
Drieux Hill
Katheryne Keating
Jiun Tzong Lin
Nathan Oatley
Doug Parker
Diane Paritda

CONSULTANTS

Barbs, Inc.
Boehm Design Associates
Fernando Castro
Easterly & Company
Gary Easterly
Mary Margaret Hansen
Hutcheson Hansen Communications, Inc.
ICE Communications
Matrix Communications
Midwest Media Group, Inc.
Barbara C. Mills
Mockingbird Communications
Terrylin Neale
Michael W. Ronan
Robin Wagner

INSTALLATION
Jim Kanan
Steve Paulk
Design and Construction Managers

T.J. Amick
Jessie J. Jones
Nancy Knott
Rick Lowe
Dave Pupo
Lawrence Swearingen
Clarence Talley
Bob Weinberger
Construction Crew

Phil Davis
Tony Aukstikalnis
Jim McCullum
Lighting

Mary Boehm
Nancy Farmer
Susan Kile
Joe McGrath
Design

ART ADVISORY BOARD

Fred Baldwin
Michelle Barnes
Suzanne Bloom
Geary Broadnax
Peter Brown
Jean Caslin
Lynn Herbert
Ed Hill
David Jacobs
George Krause
Anne Tucker
Wendy Watriss
W. Temple Webber, III.
Clint Willour

INTERNATIONAL ADVISORY BOARD

James Alinder
Pierre Apraxine
Els Barents
Nancy Barrett
Dr. Erika Billeter
Derek Bishton
Robert Blake
Pierre Bonhomme
Philip Brookman
Peter Bunnell
Van Deren Coke
Luisella D'Alessandro
Sue Davies
Willem de Looper
Raymond H. DeMoulin
Jean Dieuzaide
Prof. Robert Doherty
James L. Enyeart
Viviane Esders
Ute Eskildsen
Will Faller
Anna Farova

Charles-Henri Favrod
Roy Flukinger
Franco Fontana
Birgitta Forsell
Rolf Fricke
Jean Gardner
Prof. Helmut Gernsheim
Rune Hassner
Herman Hoeneveld
Eikoh Hosoe
Kalevi Keski-Korhonen
Ritva Keski-Korhonen
Robert L. Kirschenbaum
Ken Kobre
Jean-Claude Lemagny
James Lingwood
Guy Mandery
Lorenzo Merlo
Pedro Meyer
Dr. Reinhold Misselbeck
Jean-Luc Monterosso
Stavros Moressopulos
Andreas Muller-Pohle
Prof. Floris M. Neusüss
Pal-Nils Nilsson
Arthur Ollman
Colin Osman
Bob Persky
Ernestine Rubin
Pentti Sammallahti
Marni Sandweiss
Joel Savary
Jose Sigala
Thomas Solley
Sara Stevenson
Joop Swart
Finn Thrane
Colin Westerbeck
Stephen White
Paul Wombell
Clark Worswick
Courtia Worth

CATALOGUE

Liz Branch
Editor

M. Eta Trabing
Spanish Language Editor

Lore Feldman
Shirley Houston
Phil Montgomery
Associate Editors

Elaine Mills
Kathryn Casey
Fernando Castro
Assistant Editors

Beatriz Bonnet
Lilian Van Vranken
Marg Patterson
Sue Van Gelder
Editorial Assistants

Gary Easterly
Greg James
Design and layout

Phil Montgomery
Eric Martin
Kyle McIntire
Janiece Stimson
Paula Dittrick
Production

M. Eta Trabing
Veronica Albin
Beatriz Bonnet
Fernando Castro
David Edery
Kristine Mills
Lilian Van Vranken
Translators

TRANSLATIONS

Albin Professional Translations
American Bureau of Professional Translators
Beatriz Bonnet
Bradley W. Davis
Lupita Davis
Global Translation Services
Maria Luisa Martinez
Kristine Mills
Rey Ocañas
Selina Puente
Anatole Rosenthal
Richard Rosenthal
Marta Sanchez
Raul Tello
M. Eta Trabing

HISPANIC ADVISORY COMMITTEE

Alma Aguilar
Carlos Aguilar
Edith Baker
Miguel Barrientos
Dr. Dorothy Caram
Jenny Castañeda
Alex Castillo
Assistant Chief of Police H. A. Contreras, HPD
C.X. Domino P.C.
Fan Dorman
Rafael Enriquez, Jr.
Judy Evans
David Garcia
Hon. Sylvia R. Garcia
Cyndy Garza
Diva Garza
Hector Garza
Maribel Garza
Lilly Gilmer
Alberto Gonzales
Diana Gonzalez
Lolita Guerrero
Dr. Toy Brando Halsey

Blanca Hernandez
Lucy Keeper
Betti Maldonado
Marcello Marini
Vidal Martinez
Trini Mendenhall
Gasper Mir
Rev. James Navarro
Emil Peña
Gil Ramirez
Minerva Sagarnaga
Dr. Arturo Sanchez
Adriana Sherman
Olga Soliz
Pampa Trotti
Francisco Valle

LITERACY THROUGH PHOTOGRAPHY

To spark children's interest in writing, FotoFest's Literacy through Photography project places over 1000 cameras with film and processing in the Houston schools and community centers. The cameras enable children to focus on their own lives and communities and to select images that express themselves, their families, neighborhoods, and their dreams. Through photography they develop a new awareness and desire for writing their stories.

Besides producing a teachers' guide for the program, FotoFest, in conjunction with the Houston Independant School District, will publish nine anthologies of student work.

Marv Hoffman
Janet Caldwell
Jill Mardis
Cindy Seaboch
Phyllis Segal
Roanne Stern

EXHIBITION SIGNAGE

Pamela Whitehouse
Text Editor

Jeff Cutler
Design and Production

Kay Turner
Exhibition Consultant

GRAPHICS

Li Graphics
Chris Davis Graphics

The exhibitions in the George R. Brown Convention Center are selected by FotoFest. Many are curated especially for this festival. The shows designated "curated by FotoFest," were curated by Wendy Watriss and Fred Baldwin with the help of many people in Europe and Latin America (as noted in the introduction acknowledgements).

The exhibitions in the galleries, museums, and art spaces were approved by the FotoFest Art Board. Submissions come from the exhibition spaces, FotoFest International Advisory Board, and many photographers. The submission process is open to all.

CONTENTS

GALLERIES, MUSEUMS, AND ART SPACES

CONTENTS

The galleries, museums, and art spaces were allowed space in the catalogue for Spanish text if they chose to provide translations. We appreciate the number of exhibitions spaces that participated and the generous help of the translators who provided probono translations for the Convention Center shows. Special thanks to M. Eta Trabing for her ready willingness to be the Spanish language editor.

Nota de la Editora: Aunque sabemos que todavía existe polémica sobre el uso de la palabra "curador/ra," hemos decidido usarla en su nueva acepción más amplia por dos razones: la primera, porque en muchos museos y galerías los deberes y atribuciones del "conservador" ya no se limitan sencillamente al conservar las obras, sino que también incluyen la selección de obras y otras decisiones que no caen dentro del significado de "conservador"; y segundo, porque en Latino América, la palabra "curador/ra" ya ha sido aceptada y usada por los que están en el medio.

The sacred song of our ancestors is not a single song. No, it is a melange
of songs, fragments returning to wholeness again, fragmenting to create a
new song out of the old song, all of which is something that you will have
to take my word for. After all, there is a photograph to prove it.
David A. Bailey, black British artist from the Caribbean.

In many senses, this festival is about ancestors and memories, the fragments of memory and the ancestors that become our history and what is happening to this history now. This fourth FotoFest is as much about history as it is about photography—how some people have perceived history, how they have recorded it, and what they are doing with it today. For, as David Bailey says, there are photographs to prove it. And from the photographs, there may be songs, unanticipated or newly forming.

Wherever we go in the world today, people are moving between cultures. In Europe, it is not just the east and the former Soviet Republics which are in flux, it is the demography of western Europe as well. In the Middle East, war and economics have shattered established distinctions between states. In Latin America, people are not only redefining the meanings of *mestizaje*, but, in many places, they still describe themselves as belonging to "nations of immigrants." As citizens of the United States, we also move every day between European, African, Latin American, Native-American, Middle Eastern, Indian, and Asian cultures.

Curiously, and coincidentally, one of the greatest movements of people in human history occurred during the first hundred years of photography. From 1840 through the 1940s, more than forty million people left Europe for the Americas. The coming of age of a new economic order made a migration of this scale not only possible but necessary. This process left an indelible mark on all our cultures. It brought to the world both unprecedented prosperity and unprecedented destructiveness. Technology and industrial development were the engines of this migration–and photography was part of it.

It is appropriate in 1992 to look at the importance of these movements and the way they have shaped our world; 1992 represents an unusual intersection of. these forces. On one part of the European continent, unprecedented unity between cultures and countries has been achieved—a testament to the inherent strength of European civilization. In another part of the continent, societies are splintering under the resurgence of old enmities. At the same time, the whole population of Europe is in metamorphosis as the sons and daughters of once-colonized peoples seek new frontiers, even new identities, for themselves.

Across the Atlantic, the countries of Latin America are confronting the heritage of 500 years of European immigration and its insertion into the evolution of pre-Columbian civilizations. Through Spain and Portugal then to The Netherlands and England, gold and silver from Latin America helped initiate the Industrial Age. The legacy of Europe, not only its economic domination but its political culture from colonialism and Christianity to capitalism and socialism, is being re-examined and reshaped by new generations of Latin American scholars, artists, and social activists.

Recognizing the significance of these forces, FotoFest is dedicating the central part of its 1992 exhibition program to Latin America and Europe. This is the first time that FotoFest has defined a philosophical framework for the shows it brings to Houston. These are the thirty exhibitions in the George R. Brown Convention Center. From Europe and Latin America, we have selected photography that relates to important historical forces and cultural ideas–both historical and contemporary. These exhibitions represent celebration and critique.

It is our intent not only to exhibit good photography, but to show photography that functions as an integral part of history and the movements that have shaped our world. To look at photographs in this way does not diminish their value as art, but rather extends the dimensions of their expression.

Nineteen countries are represented in these exhibitions—ten from Latin America and nine from Europe. Much of this work has never been seen in its original form outside its own region or country. It is our hope that these exhibitions will be a means of discovery—the discovery of new work and the rediscovery of old. Above all, we hope it will be a process by which the fragments of memories and the sounds of our ancestors create new resonances and new songs. The discovery and rediscovery of civilization.

Wendy Watriss, curator
Frederick Baldwin, president

La canción sagrada de nuestros antepasados no es una sola canción.
No, es una mezcla de canciones, fragmentos que se vuelven a integrar,
fragmentándose, para crear una canción nueva de la vieja, todo lo cual
es algo que, sencillamente, me tendrán que creer. Al acabarse todo,
habrá una fotografía para comprobarlo.
David A. Bailey, un artista negro británico del Caribe.

En muchos sentidos, este festival trata de antepasados y memorias, los fragmentos de memoria y de antepasados que se convierten en nuestra historia, y lo que está pasando con esa historia ahora. Este cuarto FotoFest trata tanto de historia como de fotografía—cómo algunos han percibido a la historia, cómo la han registrado y qué hacen hoy con ella. Porque, como dice David Bailey, hay fotografías para comprobarlo. Y de las fotografías pueden salir canciones, no anticipadas o recién en formación.

Por dondequiera que viajemos hoy en día, la gente está cruzando culturas. En Europa, no son solamente las ex repúblicas soviéticas y orientales las que están en flujo, sino también la demografía de la Europa occidental. En el Medio Oriente, las guerras y las economías han destrozado las distinciones establecidas entre las naciones. En América Latina, no sólo que se siguen redefiniendo los significados del "mestizaje", sino que, en muchos lugares, la gente todavía se describe como una "nación de inmigrantes." Como ciudadanos de Estados Unidos, nosotros también nos movemos todos los días entre las culturas europeas, africanas, asiáticas, hindúes, latinoamericanas, del Medio Oriente y del oriundo de las Américas.

Por coincidencia y aunque parezca extraño, uno de los movimientos más grandes de gente de la historia humana ocurrió durante los primeros cien años de la fotografía. Desde los 1840 hasta los 1940, más de 40 millones de personas se fueron de Europa para venir a las Américas. El advenimiento de un nuevo orden económico no sólo posibilitó sino que hizo necesaria una migración de esa índole. Fue un proceso que dejó su marca indeleble en todas nuestras culturas. Esto trajo al mundo una prosperidad sin precedentes y también una destrucción sin precedentes. La tecnología y el desarrollo industrial fueron los motores de esta migración—y la fotografía formó parte de todo.

Es apropiado que en 1992 consideremos la importancia de estos movimientos y la manera en que han determinado a nuestro mundo. El año 1992 representa una intersección poco común en dichas fuerzas. En una parte del continente europeo, se ha logrado una unión sin precedentes entre culturas y países—un testamento a la fuerza inherente de la civilización europea. En otra parte del continente, las sociedades se están astillando ante el resurgimiento de viejas enemistades. Al mismo tiempo, la población entera de Europa está en metamórfosis, a medida que los hijos e hijas de los colonizados buscan para sí mismos, fronteras nuevas y aun identidades nuevas.

Cruzando el Atlántico, los países de Latinoamérica están confrontando la herencia de 500 años de inmigración europea y su inserción en la evolución de las civilizaciones precolombinas. Por España y Portugal y luego por los Países Bajos e Inglaterra, el oro y la plata de Latinoamérica ayudó a iniciar la era industrial. El legado de Europa, no sólo su dominio económico sino también su cultura política desde el colonialismo y el cristianismo hasta el capitalismo y el socialismo, se está volviendo a examinar y determinar por nuevas generaciones de humanistas, artistas y activistas sociales latinoamericanos.

En reconocimiento de lo significativo que son estas fuerzas, este año FotoFest está dedicando el núcleo de su programa de exhibiciones a Latinoamérica y a Europa. Esta es la primera vez que FotoFest ha decidido definir un marco filosófico para las exposiciones que trae a Houston. Éstas son las 30 exhibiciones en el Centro de Convenciones George R. Brown. De ambas partes del mundo, hemos seleccionado fotografías que se relacionan a importantes fuerzas históricas e ideas culturales—fotografías tanto históricas como contemporáneas. Estas exhibiciones representan una celebración y una crítica.

Nuestra intención es exhibir buena fotografía, pero al mismo tiempo, mostrar la fotografía que funciona como parte integrante de la historia y los movimientos que han determinado nuestro mundo. El mirar las fotografías de esta manera, no disminuye su valor artístico, sino que extiende las dimensiones de su expresión.

En estas exhibiciones se encuentran representados 19 países—10 de Latinoamérica y nueve de Europa. Gran parte de estas obras nunca se ha visto en su forma original fuera de su propia región o país. Esperamos que estas exhibiciones conduzcan a un proceso de descubrimiento—el descubrimiento de obras nuevas y el redescubrimiento de las antiguas. Más que nada, esperamos que éste sea un proceso mediante el cual los fragmentos de las memorias y el son de nuestros antepasados creen nuevas resonancias y nuevas canciones. El descubrimiento y el redescubrimiento de la civilización.

Wendy Watriss, Curadora
Frederick Baldwin, Presidente

In nine months of research and travel to put together these exhibitions, FotoFest received extraordinary cooperation from individuals and institutions in Latin America and Europe. The artists, curators, museums, and libraries that are connected with each show have been more than generous. Their names are cited with the catalogue texts and reproductions accompanying the individual shows they have helped make possible.

Durante los nueve meses de investigación y viajes que hicimos para organizar estas exhibiciones, FotoFest recibió extraordinaria cooperación de personas y de instituciones en Latinoamérica y Europa. Los artistas, los conservadores y curadores, los museos y las bibliotecas que están conectados con cada exposición han sido más que generosos. Sus nombres se han mencionado en los textos del catálogo y en las reproducciones que acompañan cada una de las exposiciones que ellos han facilitado.

We would like to thank a number of other people whose names are not mentioned alongside the shows but whose help was invaluable.

Quisiéramos agradecer a una cantidad de personas cuyos nombres no se mencionan en relación a cada exposición, pero cuya ayuda ha sido inestimable.

EUROPE/EUROPA

Jean Luc Monterosso, director general, Le Mois de la Photo, Paris
Pierre Bonhomme, director, Association Française pour la Diffusion du Patrimoine Photographique, Paris
Pierre Devin, director, Centre Regional de la Photographie Nord Pas de Calais
Murray Martin, director, Amber/Side, Newcastle
Derek Bishton, Rhonda Wilson and Mark Blackstock, TEN•8, Birmingham
Michael Cadette, curator, London; Alex Hirst, photographer, London
Manuel Santos, curator, Cuatro Direcciones, Madrid
Cármen García Alvarez, editor, Lunwerg Publishers, Madrid
David Balsells, director, Primavera Fotográfica, Barcelona
Bas Vroege, director, Perspektief, Rotterdam
Birgitta Forsell, curator, Hasselblad Center, Gotemburgo
Dr. Peter Hahn, director, Archivos de la Bauhaus, Berlin
 Dr. Enno Kaufhold, critic and curator, Berlin
Dr. Ulrich Domrose, photohistorian and curator, Berlin
Joachim Schmidt, photographer and critic, Berlin
Andreas Müller-Pohle, editor, European Photography, Gotingen
Dr. Reinhold Misselbeck, curator, Museum Ludwig, Cologne
Ute Eskildsen, curator, Musem Folkwang, Essen
Finn Thrane, director, Muset for FotoKunst, Odense
Dr. Zdenek Kirschner, photography curator , Museum of Applied Arts, Prague
Pavel Stecha, photographer and dean of School of Film and Television (FAMU), Prague.

LATIN AMERICA/LATINOAMÉRICA

Eduardo Serrano, curador, Museo de Arte Moderno, Bogotá
Gloria Zea, directora, Museo de Arte Moderno, Bogotá
Celia de Birbragher, editora, ArtNexus, Bogotá y Miami
Alonso Garces, Galería Garces Velásquez, Bogotá
Miguel Gonzáles, curador, Museo de Arte Moderno, Cali
Doña Gabriela, Foto Rodríguez, Medellín
Cecilia Garces, directora, Fundación Antioqueña para los Estudios Sociales (FAES), Medellín
Paul Bardwell, director, Centro Colombo Americano, Medellín
Jorge Obando, arquitecto, Medellín
Ricardo Gómez Pérez, fotógrafo, Caracas
Patricia Cisneros, coleccionista, Caracas y Nueva York
Ricardo Jiménez, fotógrafo, Caracas
Cecilia Fajardo, directora ejecutiva, La Sala Mendoza, Caracas
Gina Vall, La Sala Mendoza, Caracas
Ricardo Armas, fotógrafo, Caracas
Josune Dorronsoro, curador, Museo de Bellas Artes
Luis Miguel La Corte, presidente, Fundación Galería de Arte Nacional, Caracas
Margarita Scannone, fotógrafa, Caracas
Alicia Sanguinetti, fotógrafa, Buenos Aires
Silvia Coppola, investigadora, Buenos Aires
Becquer Casaballe, director, Foto Mundo, Buenos Aires
Facundo de Zuviría, fotógrafo y conservador, Fundación Antorchas, Buenos Aires
Jorge Glusberg, director, Centro de Arte y Comunicación (CAYC), Buenos Aires
PRISMA, Agencia de Fotografía, Montevideo
Panta Astiazarán, fotógrafo, Montevideo
Dr. Rafael Gomensoro Riveros, director, Biblioteca Nacional del Uruguay, Montevideo
Rosario Cibils de Barata
Profesora María Teresa Barbat
Susana Mollajoli Ferrara, Biblioteca Nacional del Uruguay, Montevideo
Reubens Fernandes, crítico y curador, São Paulo
Ricardo Chaves, fotógrafo, São Paulo
Pedro Vasquez, fotógrafo e historiador, Rio de Janeiro
Margareth de Moraes, conservadora, Museo de Arte Moderno, Rio de Janeiro
Laura González, fotógrafa, México D.F.
Lourdes Grobet, fotógrafa, México D.F.
Peter Namuth, investigador, Guatemala
Daniel Chauche, fotógrafo, Antigua Guatemala
Gerardo Mosquera, curador, Cuba
Fran Antmann, curadora, Nueva York
Diana Gaston, curadora, University of New Mexico Art Museum
Adelma Benavente, investigadora, Instituto Audio Visual Inka, Cuzco

UNITED STATES/ESTADOS UNIDOS

Sylvia Malagrino, photographer, University of Illinois, Chicago
Ricardo Viera, curator, LeHigh University, Philadelphia
Pampa Trotti, trustee, Museum of Fine Arts, Houston
Wendy Luers, President, Charter 77 Foundation, New York and Prague.

EUROPE AND LATIN AMERICA

History is the starting point for these exhibitions. We have selected photography that reflects the intersection of important historical events and cultural ideas in both Europe and Latin America.

Nine countries in Europe, east and west, and ten in Latin America are represented. The photographers are men and women from these countries. In choosing the exhibitions, our intention is not to present a history of photography, but to show work which reveals important aspects of civilization in these parts of the world from the 1860s to the present time.

EUROPE

In Europe, the emergence of the modern industrial society fueled economic expansion throughout the world. In the mid-19th century, industrialization was accompanied by the phenomenal growth of European cities. We begin the European exhibits with the 1860's work of Charles Marville whose photography documents the transformation of Paris into one of the great modern capitals of Europe—a symbol of the new industrial age and solidification of the bourgeois social order. A decade later, John Thomson's *work of London Street Life* shows the human side of another great Victorian city in the Gilded Age.

Nearly three decades later, the Bauhaus in Germany emerged from the ashes of World War I to bring together some of the most creative minds in 20th century art. It represented the belief that art could be combined with technology and craft to create a new aesthetic and improve the quality of human life. It was thought that out of this combination of industry and art might come a new social order.

As these ideas made themselves felt in the western part of Europe, and eventually throughout the world, a Soviet publication would meld Bauhaus philosophy with the avant-garde ideas of Russian constructivism to create one of the most innovative photographic magazines ever produced. For six years, *USSR In Construction* put the best of photography and design to the service of promoting what was to become one of the major industrial economies of the world.

At this time the influential Czech critic of art, architecture, film and photography, Karel Teige, began a series of photo collages that expressed his disillusionment with the strictures of rational materialism and his adoption of surrealism whose ideas forever changed traditional ways of thinking and seeing. As the Bauhaus was closed by the Nazis and *USSR In Construction* by Stalin, so Teige's work was banned by post-war Communist regimes in Czechoslovakia.

Simultaneous with Teige's work in the 1940s, a group of Dutch photographers went into the streets of Dutch cities with hidden cameras to record the devastating effects of World War II on the civilian population of Holland. The archives of *The Illegal Camera* represent one of the most remarkable war documents ever made.

The past forty-seven years have seen Europe rise from the devastation of World War II and the divisions of the Cold War to become a new world power. The European Community is a symbol of this power, but the industrial base that built modern Europe has undergone enormous transformation In *British Post-Industrialism*, four British photographers take an ironic look at the passage of the old industrial order.

A radically different response to postwar realities is taken by Polish photographer, Wojciech Prazmowski, who turns to an earlier age, recreating memories of pre-war Poland through ancestral photographs, letters, and recollections of his own childhood. Contemporary photographers from the former Soviet Republics take a more confrontationist, sardonic view of the rigidities of the Cold War and the heritage of Stalinism in *Photo Manifesto.* Contemporary Greek photographers look at the passages of time in terms of Hellenic history in Images of a Collective Memory.

Art and technology maintain a close alliance in contemporary European culture. The pathfinding scientific photography of Lennart Nilsson, in his work on the development of life inside the human body, shows one of the most successful aspects of this relationship. The negative side of what technology and the marketplace can do to 'culture' is satirically manifest in *Virtual Reality, Manneristic and Constructed Photography from The Netherlands* with large color prints, plastic frames, and iconic representations of throw-away pop culture.

Today thousands of immigrants, 'guest workers', and formerly colonized peoples are second and third generation citizens in Europe. *In Inside Out,* four black British photographers, whose families came from Africa and the Caribbean, look at what it means to be black and British.

Growing up on the island of Mallorca where the remnants of Moslem rule were still evident in language and social mores, Catalan photographer Toni Catany looks at the meaning of the Mediterranean and its culture as the crossroads between Africa, Europe, and the Middle East and many of the world's great civilizations—Pharonic, Hellenic, Christian, and Moslem.

LATIN AMERICA

Thousands of years of civilization in pre-Columbian Latin America and the lives of fifteen million people in that part of the Americas were changed irrevocably with the arrival of Europeans. It would shape the future of this hemisphere for the next 500 years. The burden of this history is present and polemical.

Within its mestizaje of cultures, Latin America is an assemblage of nations as diverse as Europe—from countries like Guatemala, Mexico, Ecuador, and Peru where Indian and mestizo populations are a majority, to Europeanized societies like Argentina and Uruguay, and nations such as Brazil, Colombia, Cuba, Venezuela, and Belize, which have sizeable black populations as well.

In the mid-1860s, some forty years after most Latin American countries won their independence, the *War of the Triple Alliance* began. Trade was its catalyst, and its conclusion heralded a new phase of European expansionism in the southern cone of Latin America. It was one of the first wars to be documented by a Latin American photographer, Esteban García from Uruguay. A photo studio set up by U.S. immigrants in Montevideo financed his work.

In the 1880s, a Brazilian photographer, Marc Ferrez, did some of the most beautiful landscape photography of his time. The vistas of Rio de Janeiro, the mining regions of Minas Gervais, the port of São Paulo, the building of railroads and public works were more than beautiful images; they were destined for a European audience and potential investors in the development of a vast new frontier and for a government that was bankrupt because of its participation in the War of The Triple Alliance.

North of Brazil, in one of the old Spanish vice-royalties, an important modern industrial center was being built, *The New City, Medellín, Colombia.* Between 1890 and 1940, three photographers, working independently, documented the complex and racially diverse society that moved Medellín from gold mining to manufacturing.

In the early 20th century, three Peruvian towns were centers of a remarkably cosmopolitan culture. Although the gold mines had been largely depleted, trade in leather and wool to Europe had amassed tremendous wealth and, with it, new developments in art and technology that fused indigenous themes and ideas of European surrealism. *Modernism in the Southern Andes* shows that Martin Chambi was only one of many important artists working in this region.

Alongside commerce and politics, the 19th century Catholic Church remained one of the principal links to Spanish colonialism. It was an integral part of the state system, and in countries like Guatemala and Ecuador, with large and established pre-Columbian populations, it went to tremendous lengths to establish its hegemony. In *Ecuador, Old and New,* photographs taken in the early 1900s for mission priests in the Ecuadoran Amazon give a rare vision of their relationship to the Indian populations. In contrast to the isolation of these missions, *The Colonial Legacy*, religious photographs from the voluminous archives of Juan José de Jesús Yas and José Domingo Noriega in Guatemala, show the opulence and pageantry of church hierarchy.

Society and culture portrayed in *Crossing of Cultures, Four Women in Argentina* between the 1930s and the 1960s, come from another world, secular and urban. The portraits of cinema personalities and fashionable women could be drawn from counterparts in Milan, Paris, or Madrid. Even the faces of the insane asylum seem part of another continent.

In the contemporary photography of many Latin American countries, the juxtaposition of *indigenista* and Christian traditions remains an important and problematic subject. Two very different approaches to this subject are those taken by Mexican photographer, Flor Garduño, in her classical black-and-white work, and Guatemalan photographer, Luis González Palma, with his mixed-media sculptural pieces.

The deep-seated social conflicts which have changed so much of the Latin American experience in the last thirty years have often been seen through the eyes of U.S. and European photojournalists. In *In The Eye of The Beholder,* Salvadoran photographers portray life during one of the region's longest and bloodiest civil wars in modern history. Like the Dutch photographic work in World War II, these photographs remained clandestine for many years. The FotoFest '92 exhibition is the first showing of the archive of the opposition that has been fighting the Salvadoran government for three decades.

The aftermath of the 1970s and 1980s is reflected in *The Urban Landscape, Argentina and Uruguay.* Five contemporary photographers depart from classical Latin American social documentary work to portray the character of contemporary culture through its urban facades, interior spaces, gardens, seascapes, and politicized street tableaux.

Two Brazilian shows articulate different aspects of the modern experience. Brazil's tremendous economic expansion in the 1960s and 1970s made color photography possible here years before it became part of Latin American work elsewhere. *Color From Brazil* looks at different directions color photography has taken in Rio de Janeiro and São Paulo from classical to computer imaging. In contrast, the formal black-and-white studio work of Mario Cravo Neto from Salvador de Bahia gives expression to the ethnic syncretism in Brazilian culture and, in particular, its African heritage.

Postmodernism and aspects of cultural deconstructivism are seen in the contemporary shows, *On The Edge, Colombia and Venezuela.* Here there is not only an intentional juxtaposing of opposites, but a deliberate demystification of traditional aspects of Latin American reality—sexual attitudes, religious beliefs, violence, and the practice of art itself.

Wendy Watriss
Frederick Baldwin

EUROPA Y LATINOAMÉRICA

La historia como el punto de partida para estas exhibiciones. Hemos seleccionado fotografías que reflejan la intersección de importantes acontecimientos históricos e ideas culturales tanto de Europa como de Latinoamérica.

Se encuentran representados nueve países europeos, tanto occidentales como orientales, y diez países latinoamericanos. Los fotógrafos son hombres y mujeres de esos países. Al seleccionar las exhibiciones, nuestra intención no era de presentar una historia de la fotografía, sino de exhibir obras que revelan los aspectos importantes de la civilización en esas partes del mundo, desde los 1860 hasta la actualidad.

EUROPA

La emergencia de la sociedad industrial moderna en Europa, causó una expansión económica en todo el mundo. A mediados del siglo XIX, la industrialización se vio acompañada por un crecimiento fenomenal en las ciudades europeas. Comenzamos las exhibiciones europeas con las obras de los 1860 de Charles Marville, cuyas fotografías documentan la transformación de París en una de las grandes capitales modernas de Europa—un símbolo de la nueva era industrial y la solidificación del orden social burgués. Una década después, las obras de John Thomson sobre la vida en las calles de Londres muestra el lado humano de otra gran ciudad de la era victoriana en su época dorada.

Casi tres décadas más tarde, la Bauhaus en Alemania emerge de las cenizas de la Primera Guerra Mundial para reunir a algunos de los cerebros más creadores del arte del siglo XX. Ésta representaba la creencia de que se podía combinar el arte con la tecnología y la artesanía para crear una nueva estética y mejorar la calidad de la vida humana. Se pensó que de esa combinación de industria y arte podría surgir un nuevo orden social.

A medida que esas ideas se fueron haciendo sentir en Europa occidental, y finalmente, en todo el mundo, una publicación soviética iba a entretejer la filosofía de la Bauhaus con las ideas avant-garde del constructivismo ruso para crear una de las revistas fotográficas más innovadoras que se han producido. Por unos seis años, *URSS en Construcción*, usó lo mejor en fotografía y diseño para promover lo que pasaría a ser una de las principales economías industriales del mundo.

Fue en esa época, que el influyente crítico checoslovaco de arte, arquitectura, cinematografía y fotografía, Karel Teige, comenzó una serie de collages fotográficos que dieron expresión a su desilusión con las restricciones del materialismo racional y su adopción del surrealismo, cuyas ideas cambiaron para siempre las maneras tradicionales de pensar y de ver. Así como los Nazis clausuraron la Bauhaus, y Stalin la URSS en Construcción, las obras de Teige fueron prohibidas por los regímenes comunistas en Checoslovoquia después de la guerra.

Simultáneamente con las obras de Teige, de los 1940, un grupo de fotógrafos holandeses, salieron a las calles de las ciudades de los Países Bajos, con cámaras escondidas para registrar el efecto devastador de la Segunda Guerra Mundial sobre la población civil de Holanda. Los archivos de *La Cámara Ilegal* representan uno de los documentales de la guerra más increíbles que se ha hecho.

Los últimos 47 años han visto resurgir a Europa, de la devastación de la Segunda Guerra Mundial y las particiones de la Guerra Fría a una nueva potencia mundial. La Comunidad Europea es un símbolo de esa potencia, pero la base industrial que construyó a la Europa moderna, ha pasado por una enorme transformación. En el *Post-industrialismo británico*, cuatro fotógrafos británicos echan una mirada irónica al pasar del antiguo orden industrial.

El fotógrafo polaco, Wojciech Prazmowski, responde a las realidades de la posguerra de modo radicalmente diferente. El vuelve a una edad más temprana, recreando memorias de Polonia antes de la guerra a través de fotografías de sus antepasados, cartas y recuerdos de su propia niñez. Los fotógrafos contemporáneos de las ex repúblicas soviéticas, en su *Manifiesto fotográfico*, tienen un punto de vista más sardónico y agresivo con respecto a las inflexibilidades de la Guerra Fría y del patrimonio heredado del Stalinismo. Los fotógrafos contemporáneos griegos también ven el pasar del tiempo en términos de la historia helénica en *Imágenes de una memoria colectiva.*

El arte y la tecnología mantienen una estrecha alianza en la cultura contemporánea europea. La fotografía científica de Lennart Nilsson, que abrió caminos nuevos en las obras acerca de la vida dentro del cuerpo humano, es una de las formas más exitosas de esa relación. El lado negativo de lo que la tecnología y el mercado pueden hacer a la "cultura", se manifiesta satíricamente en *La verdadera realidad, la fotografía manierista y construida de los Países Bajos,* con grandes impresiones a color, marcos de plástico y representaciones icónicas de la cultura popular que todo desecha.

Miles de inmigrantes, trabajadores "invitados" y personas antiguamente colonizadas, hoy en día son ciudadanos de segunda y tercera generación en Europa. En *Al revés,* cuatro fotógrafos negros británicos, cuyas familias vinieron del Africa y del Caribe, procuran mostrar lo que significa ser negro en Inglaterra.

Criándose en la isla de Mallorca, en donde todavía se ven los restos del gobierno musulmán en el idioma y en las tradiciones culturales, el fotógrafo catalán, Tony Catany, representa lo que significa el Mediterráneo y su cultura, al ser la encrucijada entre Africa, Europa y el Medio Oriente, y muchas de las grandes civilizaciones del mundo — la faraónica, la helénica, la cristiana y la musulmana.

LATINOAMÉRICA

Miles de años de civilización en la América Latina precolombina y las vidas de 15 millones de personas en esa parte de las Américas, se vieron irrevocablemente cambiadas con la llegada de los europeos. Ese evento determinaría el futuro de este hemisferio durante los próximos 500 años. La carga de esta historia, es presente y polémica.

Dentro del "mestizaje" de sus culturas, Latinoamérica es una colección de naciones tan diversas como Europa—desde países como Guatemala, México, Ecuador y Perú, en donde las poblaciones indígenas y mestizas son la mayoría, a sociedades europeizadas como Argentina y Uruguay, hasta naciones como Brasil, Colombia, Cuba, Venezuela y Belice, que también tienen grandes poblaciones de negros.

A mediados de los 1860, unos 40 años después de que la mayoría de los países latinoamericanos se independizaran, comenzó *La Guerra de la Triple Alianza.* El comercio fue el catalizador, y su conclusión anunció una nueva fase del expansionismo europeo en el cono sur de Latinoamérica. Fue una de las primeras guerras documentadas por un fotógrafo latinoamericano—Esteban García del Uruguay. Un estudio fotográfico, iniciado por unos inmigrantes estadounidenses en Montevideo financió su trabajo.

En los 1880, un fotógrafo brasileño, Marc Ferrez, fotografió algunos de los paisajes más bellos de su época. Las vistas de Rio de Janeiro, las regiones mineras de Minas Gerais, el puerto de Santos, la construcción de los ferrocarriles y las obras públicas, fueron más que sólo imágenes de belleza. Fueron destinadas a un público europeo y a posibles inversionistas en el desarrollo de una vasta frontera nueva—y un gobierno en bancarrota debido a su participación en la Guerra de la Triple Alianza.

Al oeste del Brasil, en uno de los antiguos virreinatos españoles, se estaba construyendo un importante centro industrial moderno, *La nueva ciudad, Medellín, Colombia*. Entre 1890 y 1940, tres fotógrafos, trabajando independientemente, documentaron esa sociedad compleja y racialmente diversa que trasladó a Medellín de la minería del oro a la manufactura.

A principios del siglo XX, tres ciudades peruanas fueron los centros de una increíble cultura cosmopolita. Aunque las minas de oro se habían ya casi agotado, el comercio en cueros y lanas a Europa había traído enormes riquezas, las que a su vez condujeron a nuevos desarrollos en el arte y la tecnología que entretejía los temas indígenas con las ideas del surrealismo europeo. *El modernismo en los Andes sureños* demuestra que Martín Chambi fue uno de los artistas más importantes que trabajó en esa región.

Junto con el comercio y la política, la iglesia católica del siglo XIX siguió siendo uno de los lazos principales al colonialismo español. Era una parte integrante del sistema estatal, y en países como Guatemala y Ecuador, con poblaciones precolombinas grandes y bien establecidas, ésta hizo grandes esfuerzos para establecer su hegemonía. En *Ecuador, antiguo y nuevo*, las fotografías que fueron tomadas a principios del siglo XX por los padres misioneros en la Amazonía ecuatoriana, nos dan una visión excepcional de sus relaciones con las poblaciones indígenas. En contraste con el aislamiento de esas misiones, *El legado colonial: fotografías religiosas* de los voluminosos archivos de Yas y Noriega de Guatemala, muestra la opulencia y la pompa de la jerarquía en la iglesia.

La sociedad y la cultura retratadas en *Cuatro mujeres fotógrafas de la Argentina*, durante la época de los 1930 a los 1960, viene de otro mundo, mundano y urbano. Los retratos de personalidades cinematográficas y mujeres elegantes también podrían venir de sus contrapartes en Milán, París o Madrid. Aún las caras en un manicomio parecen ser parte de otro continente.

En la fotografía contemporánea de muchos países latinoamericanos, la yuxtaposición de las tradiciones "indigenistas" y cristianas sigue siendo un tema problemático e importante. Dos enfoques muy diferentes de este tema son los que ha tomado la fotógrafa mexicana, Flor Garduño, en su clásico trabajo en blanco y negro, y el fotógrafo guatemalteco, Luis Gonzáles Palma, con sus piezas esculpidas usando medios múltiples.

Los profundos conflictos sociales que han cambiado tanto de la experiencia latinoamericana durante los últimos 30 años, ya se han visto mucho a través de los ojos de fotoperiodistas europeos y estadounidenses. En la exhibición, *En los ojos del espectador*, fotógrafos salvadoreños retratan la vida en esa región durante una de las guerras civiles más largas y sangrientas de la historia moderna. Como las obras fotográficas holandesas durante la Segunda Guerra Mundial, estas fotografías permanecieron clandestinas por muchos años. Este año de 1992 marca la primera exhibición de los archivos del Frente de la Liberación Nacional Farabundo Martí, que ha estado luchando contra el gobierno salvadoreño desde 1981.

Las secuelas de las décadas de los 1970 y los 1980, se reflejan en *El panorama urbano,* Argentina y Uruguay. Cinco fotógrafos contemporáneos se separan del trabajo del documental social clásico de Latinoamérica para retratar el carácter de la cultura contemporánea a través de sus fachadas urbanas, espacios interiores, jardines, paisajes marinos y cuadros politizados de escenas callejeras.

Dos exposiciones brasileñas articulan los diferentes aspectos de la experiencia moderna. La tremenda expansión económica del Brasil durante los 1960 y los 1970, posibilitó la fotografía en color aquí mucho antes de que formara parte del trabajo latinoamericano en otros países. *Color del Brasil* mira a las diferentes direcciones que la fotografía ha tomado en Rio de Janeiro y en São Paulo, desde lo clásico hasta el tratamiento de imágenes por computación. En contraste, el trabajo formal en blanco y negro en el estudio de Mario Cravo Neto de Salvador (Bahía), expresa el sincretismo étnico de la cultura brasileña y, en particular, su legado africano.

En la exposición contemporánea *En el umbral, Colombia y Venezuela,* se ve el post-modernismo y ciertos aspectos del desconstructivismo cultural. Aquí existe no sólo la yuxtaposición intencional de lo opuesto, sino una desmistificación premeditada de los aspectos tradicionales de la realidad latinoamericana—actitudes sexuales, creencias religiosas, violencia y la práctica del arte en sí.

Wendy Watriss
Frederick Baldwin

EUROPE / EUROPA

GEORGE R. BROWN CONVENTION CENTER

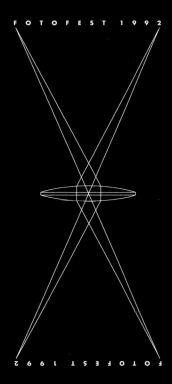

FOTOFEST 1992

THE MODERN CITY • CHARLES MARVILLE • THE RECONSTRUCTION OF PARIS, 1865-1880

Charles Marville was initially a designer and illustrator of numerous romantic publications. He was born in Paris in 1816 and came to photography (the calotype) around 1850. He was privileged to collaborate with Blanquart Evrard who opened in Lille one of the first publishing houses specializing in photographic editions (1851-1855). He documented the medieval churches of France and Europe while making picturesque views of Paris. Occasionally, he created portraits, like that of the King of Italy, Victor-Emmanuel. Around 1858, the City of Paris commissioned Marville to photograph the barely completed Bois de Boulogne.

About 1865, before demolishing part of the old streets of Paris, the municipal administration, to provide a historical perspective, commissioned Marville to enhance the image of the condemned neighborhoods. That is how a unique collection of around 400 photographs was assembled. At the same time, the photographer worked in close collaboration with numerous architects, particularly Paul Abadie, adjunct to Voillet le Duc, for whom he photographed the diverse steps in the construction of monuments in Paris and elsewhere.

With the 1878 *Exposition Universelle* in mind, the City of Paris commissioned numerous pictures of the new urban fixtures created by Haussman.

The vintage prints are of exceptional quality. Formed no doubt by the strict constraints of illustration, Marville's portrayal of the French capital reveals the beauty of Paris during the 1800s.

Documents about the photographer are very scarce, and we know very little about his career, his private life and family. Even the exact date of his death, which occurred sometime before September 1879, remains unknown.

The photographs belong to the Bibliothèque Historique de la Ville de Paris, which also owns the original glass negatives.

Marie de Thezy, Conservateur en chef Bibliothèque Historique de la Ville de París

Curated by FotoFest and Marie de Thezy

LA CIUDAD MODERNA • CHARLES MARVILLE • LA RECONSTRUCCIÓN DE PARIS, 1865-1880

Nacido en París en 1816, Charles Marville fue primero un diseñador e ilustrador de numerosas publicaciones románticas. Llegó a la fotografía (el calotipo) alrededor de 1850. Tuvo el privilegio de colaborar con Blanquart Evrard, quien en Lille, abrió una de las primeras casas editoriales que se especializara en ediciones fotográficas (1851-1855). Así fue que él documentó las iglesias medievales de Francia y Europa mientras que tomaba pintorescos panoramas de París. De vez en cuando, hacía retratos como el del Rey de Italia, Victor-Emmanuel. Alrededor de 1858, él comenzó su colaboración con la Municipalidad de París, la cual lo comisionó a fotografiar el recién establecido Bois de Boulogne.

Alrededor de 1865, antes de demoler parte de las antiguas calles de París, la administración municipal lo comisionó a que documentara los barrios condenados. Él recopiló una colección única de unas 400 imágenes fotográficas. Al mismo tiempo, el fotógrafo trabajó en estrecha colaboración con numerosos arquitectos, especialmente Paul Abadie, adjunto a Voillet le Duc, para quien fotografió las diversas fases de la construcción de monumentos en París y en otros lados.

Teniendo en mente la *Exposition Universelle* de 1878, la Municipalidad de París comisionó varias fotografías de los nuevos paisajes urbanos creados por Haussman.

Las antiguas copias coloidales son de calidad excepcional. Componiendo según las restricciones precisas del diseño y la ilustración, Marville retrata la capital francesa con imágenes de excepcional belleza.

Existe poca información sobre el fotógrafo, sabemos muy poco sobre su carrera, una profesión periférica; casi nada sobre su vida privada o familiar, ni siquiera la fecha exacta de su fallecimiento, un poco antes de setiembre de 1879.

Las fotografías pertenecen a la Bibliotèque Historique de la Ville de París, que también es propietaria de los negativos en cristal originales.

Marie de Thezy

STREET LIFE IN LONDON, 1877-1878 • JOHN THOMSON

John Thomson is said to have studied chemistry at Edinburgh University and is known to have experimented with microphotography in the late 1850s. From 1862 to 1872 he traveled throughout the Far East and maintained a commercial photography studio, first in Singapore and then in Hong Kong.

His photographic work in Cambodia, Indochina, and China was published in several books. Some of the autotypes in Thomson's four-volume *Illustrations of China and Its People* (1873-74) depict street traders who prefigure subjects in his London work. His documentary work in Peking and other Chinese cities shows a unique recognition of contemporary city life as subject.

On his return to London, Thomson focused on the great variety of London's street workers. Crucial to his way of seeing was his ability to arrange or direct his subjects. (Many of the plates resemble set pieces from the works of Charles Dickens.) Thomson had become so adept at posing people in a natural way that the scenes appear entirely spontaneous.

Street Life in London, the best known of Thomson's works, was first issued in twelve monthly installments in 1877-78, then in book format, and finally abridged as *Street Incidents* in 1881. Each installment had three stories, each accompanied by a photograph. Most of the text was written by Adolphe Smith Headingly, an English journalist, who was also something of a reformer and who worked with Thomson on the project.

The subjects of the studies are generally hard-working, honest people, prevented by their station in life from further advancement. Some chapters deal with the trades and professions of the poor: Covent Garden workers, street doctors, public disinfectors, and a remarkable man who tried to help ex-convicts to get a fresh start. These vignettes of survival among the poor were popular; the photographs added realism to the stories. Thomson's thirty-seven Woodbury types are regarded as a classic of social documentary.

From writings by Stephen White and Mark Haworth-Booth

These vintage photographs are lent by the Board of Trustees, Victoria and Albert Museum, London.

LA VIDA EN LAS CALLES DE LONDRES • JOHN THOMSON

Se dice que John Thomson estudió química en la Universidad de Edinburgo y se sabe que realizó experimentos con microfotografía a fines de los 1850. Entre 1862 y 1872, él viajó por todo el Lejano Oriente y mantuvo un estudio fotográfico comercial, primero en Singapur y luego en Hong Kong.

Sus obras fotográficas de Cambodia, Indochina y China fueron publicadas en varios libros. Algunas de las fotos hechas con el proceso al carbón en sus cuatro volúmenes titulados *Ilustraciones de la China y su Pueblo* (1873-74) muestran vendedores ambulantes que anteceden algunos de los sujetos en sus obras londinenses. Su obra documental en Pekín y en otras ciudades de la China muestra un reconocimiento singular de la vida urbana contemporánea como motivo o sujeto.

Al volver a Londres, Thomson enfocó la gran variedad de trabajadores en las calles de Londres. Crítico a su manera de ver, era su habilidad de colocar o dirigir a sus sujetos. (Muchas de las placas se asemejan a las piezas preparadas de las obras de Charles Dickens.) Se había puesto tan experto en posar gente de modo natural que sus escenas parecen ser totalmente espontáneas.

La vida en las calles de Londres, la más conocida de las obras de Thomson, se publicó por primera vez en doce fascículos mensuales en 1877-78, luego en forma de libro, y finalmente, en forma abreviada, como *Incidentes callejeros* en 1881. Cada fascículo consistía en tres cuentos, cada uno acompañado por una fotografía. Casi todo el texto fue escrito por Adolphe Smith Headingly, un periodista inglés, que también fue algo reformista y quien colaboró con Thomson en este proyecto.

Los sujetos de los estudios generalmente son gente trabajadora y honesta, impedidos, por su condición social, de poder avanzar. Algunos capítulos tratan con los oficios y las profesiones de los pobres: los trabajadores de Covent Garden, médicos ambulantes, desinfectadores públicos, y un hombre extraordinario que trató de ayudar a los ex convictos a empezar una vida nueva. Esos retratos de supervivencia entre los pobres fueron populares; las fotografías agregaron realismo a los relatos. Las 37 fotos tipo Woodbury se consideran un clásico de los documentales sociales.

De las obras de Stephen White y Mark Haworth-Booth, Curador de Fotografías, Victoria and Albert Museum, Londres

PHOTOGRAPHY AT THE BAUHAUS • THE FORMATION OF A MODERN AESTHETIC, 1919-1933 • GERMANY

A recent comprehensive exhibition mounted by the Bauhaus-Archiv in Berlin celebrated the photographic work of the Bauhaus (1919-1933), the most influential art school in this century. From the rich selection of this show, a condensed version of 100 spectacular pieces is presented. The exhibition reveals a wealth of previously unseen images from both students and masters, and it shows the openness of photographers at the Bauhaus to a variety of impulses from the avant-garde movements of the 1920s. The "sloping" perspectives and peculiar cuts of their photographs show the desire to literally turn the world upside down.

Playfully exploring the possibilities of photography, the Bauhauslers freed the photograph from its status as a document that merely reproduces reality. The reproduction became the image, or, as Laszlo Moholy-Nagy proclaimed, the reproductive function turned into a productive one. But a new concern for objectification was inaugurated with an increasingly technical component in the formal introductory courses of Walter Peterhans. Given these new technical parameters, the "wild and free" phase of experimentation was destined to come to an end. The New Vision gave way to the New Objectivity. Both technical precision and a naive handling of the medium are represented.

Photography at the Bauhaus presents the masters of photography who taught or were trained at the Bauhaus—Laszlo Moholy-Nagy, Lucia Moholy, Umbo, T. Lux Feininger, Florence Henri, Herbert Bayer, and Walter Peterhans. Another important section shows cases the discovery of the new medium by students in such fields as the portrait and self-portrait, everyday life at the Bauhaus, still lifes, or experimental photography and collages. Finally, the exhibition focuses on important photographic genres such as architecture and product photography, the typofoto in applied photography, stage photography in the Schlemmer era, and education under the photography master, Walter Peterhans.

Jeannine Fiedler, Curator
Berlin, Germany

This exhibition is curated for FotoFest by Jeannine Fiedler and is sponsored in part by the Goethe-Institut.

LA FOTOGRAFÍA DE LA BAUHAUS • LA FORMACIÓN DE UNA ESTÉTICA MODERNA, 1919-1933 • ALEMANIA

Una exposición completa recientemente organizada por el *Bauhaus-Archiv* en Berlín conmemoró la obra fotográfica de la Bauhaus (1919-1933), la escuela de arte de mayor influencia de este siglo. FotoFest exhibe una versión condensada de 100 obras espectaculares originales de aquella magnífica exposición. Esta exhibición revela una riqueza de imágenes inéditas tanto de estudiantes como maestros, y muestra la liberalidad de los fotógrafos de la Bauhaus hacia una variedad de impulsos que surgieron del movimiento avant-garde de la década de los 1920. Las perspectivas inclinadas y los cortes raros de sus fotografías demuestran el deseo de poner el mundo literalmente de cabeza.

Al explorar alegremente las posibilidades de la fotografía, los asociados de la Bauhaus liberaron a ésta de su condición de documento que tan sólo reproduce la realidad. La reproducción pasó a ser la imagen, o como lo proclamó Laszlo Moholy-Nagy, la función reproductiva se tornó en una productiva. Pero, una nueva inquietud por la objetivación fue inaugurada con un componente cada vez más técnico en los cursos formales introductorios de Walter Peterhans. Dados estos nuevos parámetros técnicos, la fase de experimentación "salvaje y libre" estaba destinada a llegar a su fin. La Nueva Visión dio lugar a la Nueva Objetividad. Se encuentran representados la precisión técnica así como un manejo ingenuo del medio.

La Fotografía de la Bauhaus presenta a los maestros de la fotografía quienes enseñaron o que fueron capacitados en la Bauhaus: Laszlo Moholy-Nagy, Lucia Moholy, Umbo, T. Lux Feininger, Florence Henri, Herbert Bayer y Walter Peterhans. Otra sección importante en la exposición destaca el descubrimiento, por los estudiantes, del medio nuevo en ramos tales como el retrato y el autorretrato, la vida cotidiana en la Bauhaus, naturalezas muertas, o fotografías y collages experimentales. Por último, la exposición enfoca géneros fotográficos importantes como la arquitectura y el producto fotográfico, el tipofoto en la fotografía de escenario de la era de Schlemmer y la educación bajo el maestro de la fotografía, Walter Peterhans.

Jeannine Fiedler, Curadora
Berlín, Alemania

ART, INDUSTRY, AND THE STATE • USSR IN CONSTRUCTION, 1930-1936

In the histories of photography it is commonly claimed that modern photojournalism and the modern picture magazine were born either in Germany in the late 1920s or with *Life* in 1936. This exhibition draws our attention to a remarkable picture magazine founded in 1930 in the Soviet Union. *SSSR na Stroyke* was published monthly in five different languages. In English it was called *USSR in Construction*. The editorial committee included leading writers like Maxim Gorky. It was a propaganda magazine informing about the development of the new Soviet regime. Each issue had a different theme: heavy industry, waterpower and electricity, sport and recreation, the Moscow subway, the paratroop units. Leading photographers such as Alexander Rodchenko, Max Alpert, Georgy Petrusov, Arkady Shaikhet, and Semën Fridland were assigned specific subjects. Art directors were appointed from issue to issue; no one was on the staff. Early issues show an obvious influence from German Bauhaus typography and design, but in 1933 a different, dynamic form was introduced by art directors like Nikolai Troshin, El Lissitzky, and Barbara Stepanova (the wife of A. Rodchenko). The magazine was printed in photogravure of good quality and sometimes carried four page foldouts. The most daring experiment was by Rodchenko and Stepanova in the December 1935 issue on the Soviet paratroopers, which had pages in different sizes, folded in triangular shapes like toy paper airplanes, and, in the Russian edition, a cutout cardboard paratrooper falling out on a string when the magazine was opened. Captions were the only text used. That was about a year before the first issue of *Life* was printed. But the great days were soon over. In the second half of the 1930s, Stalin put an end to the avant-garde and modernistic art experiment in the Soviet Union. *SSSR na Stroyke* decayed into a conventional propaganda picture magazine displaying photographs of parades, statesmen shaking hands, and inaugurations of factories displayed in standard graphic design. Today, it survives as the harshly colored monthly *Soviet Union*.

Curated for FotoFest by Rune Hassner
Hasselblad Center, Gothenburg, Sweden

ARTE, INDUSTRIA Y EL ESTADO • URSS EN CONSTRUCCIÓN, 1930-1936

En las historias de la fotografía se dice comúnmente que el fotoperiodismo moderno y la revista pictórica moderna nacieron o en Alemania a fines de los 1920 o con la revista *Life* en 1936. Esta exhibición llama la atención a una increíble revista pictórica fundada en 1930, en la Unión Soviética.

SSSR na Stroyke se publicó mensualmente en cinco idiomas. El comité de redacción incluyó importantes escritores como Maxim Gorky. Era una revista de propaganda dando información acerca del desarrollo del nuevo régimen soviético. Cada edición tenía un tema diferente: la industria pesada, potencia hidroeléctrica y electricidad, deportes y recreación, el subterráneo de Moscú, los destacamentos de paracaidistas. Se asignaron temas específicos a fotógrafos de renombre, como Alexander Rodchenko, Max Alpert, Georgy Petrusov, Arkady Shaikhet y Semën Fridland. Los directores artísticos se nombraban de una edición a otra; no había personal permanente. Las primeras ediciones muestran una obvia influencia de la tipografía y el diseño de la *Bauhaus* alemana, pero en 1933, se introdujo una forma diferente y dinámica por tales directores artísticos como Nikolai Troshin, El Lissitzky y Barbara Stepanova. La revista se imprimía en fotohuecograbado de buena calidad, y a veces llevaba pliegos de cuatro páginas. El experimento más audaz fue llevado a cabo por Rodchenko y Stepanova en la edición de diciembre de 1935, sobre paracaidistas soviéticos, la cual tenía páginas de diferentes tamaños, dobladas en forma triangular como avioncitos de papel, y en la edición rusa, un recorte de cartón de un paracaidista que se lanzaba en un hilo, al abrirse la revista. El único texto que se usó fue ponerle pie a las fotografías. Pero los días de grandeza se acabarían en poco tiempo. Durante la segunda mitad de los 1930, Stalin puso fin al avant-garde y al experimento del arte modernista en la Unión Soviética. *SSSR na Stroyke* fue deteriorando hasta convertirse en una revista pictórica convencional de propaganda, mostrando fotografías de desfiles, de personajes políticos estrechándose la mano, y estrenos de fábricas, dispuestas en un diseño gráfico corriente. Hoy en día, sobrevive como la revista mensual *Unión Soviética*, de colores chillones.

Conservado por Rune Hassner
Centro Hasselblad en Gotemburgo, Suecia

SURREALISM • KAREL TEIGE • CZECHOSLOVAKIA, 1935-1951

Karel Teige (1900-1951) was one of the most significant Czech theoreticians of the interwar avant-garde. His work influenced creative arts, literature, architecture, music, photography, book art, theater, and film. As the main initiator of the artistic movements of the twenties called *Devetsil* (1920-1932) and *Left Front* (1929-1935), he became a leading theorist of poetics, functionalism, and surrealism, and a creator of their programs and manifestos.

Teige's surrealistic collages (1935-1951) reflect his rich artistic activities. In the era of *Devetsil* he was involved in book graphics and enriched it with geometrical elements from Russian constructivism. He was the first one to use photomontage in collages as an expression of poetics, combining words and visual elements into a single unit.

Teige joined a group of surrealist artists in 1934 and became its creative leader until its demise in 1947. Teige's inclination toward surrealism was not immediate. Originally he was captivated by the rational functionalistic theory of architecture. In the irrational imagination of surrealism, he found a release from the uncompromising formulas of functionalism. These surrealistic collages parallel Teige's surrealist texts and are a visualization of his poetic thought. They are studies and improvisations, but also montages for book arrangements.

The deepest source of inspiration for his poetry and surrealistic collages is erotic fantasy. Woman is not just an erotic symbol but a part of nature and civilization. From this view, Teige attacks concrete social evils—war, poverty, force—and asks provocative, ironic questions.

Teige was immersed in his collage work during the war years, 1939-1942, when almost three-fifths of his 374 collages were created. At the same time, he was seeking in his theoretical works a path from utopian ideas to a holistic view of art and society. He was preparing himself for what he thought would be his most important creations concerning the history and interpretation of modern art.

Since Teige's death in 1951, a part of his artistic theoretical works and most of the collages survive in the archives of the Museum of National Literature in Prague.

Dr. Rumjana Daceva
Director, Museum of National Literature

This exhibition is curated by FotoFest and Dr. Daceva.

EL SURREALISMO • KAREL TEIGE • CHECOSLOVAQUIA, 1935-1951

Karel Teige (1900-1951) fue uno de los teóricos checoslovacos de mayor significación de la avant-garde entre la primera y segunda guerra mundial. Sus obras han influido las artes creativas, la literatura, arquitectura, música, fotografía, arte libresco, teatro y cinematografía. Como el iniciador principal de los movimientos artísticos de los 1920, conocidos como *Devetsil* (1920-1932) e *Izquierda Delantera* (1929-1935), él pasó a ser un líder teórico del arte poética, del funcionalismo y del surrealismo, así como un creador de los programas y manifiestos sobre éstos.

Los collages surrealistas de Teige (1935-1951) reflejan sus magníficas actividades artísticas. En la era de *Devetsil*, él estaba involucrado en gráficas librescas y las enriqueció con elementos geométricos del constructivismo ruso. Fue el primero en usar fotomontajes en los collages como expresión del arte poética, combinando palabras y elementos visuales en una sola unidad.

Teige se unió a un grupo de artistas surrealistas en 1934 y pasó a ser su líder creativo hasta el cese del grupo en 1947. Originalmente, quedó cautivado por la teoría funcionalista racional de la arquitectura. En la imaginación irracional del surrealismo, él encontró una liberación de las fórmulas intransigentes del funcionalismo. Estos collages surrealistas son estudios e improvisaciones, pero también montajes que se adaptarían a los libros.

Para su poesía y sus collages surrealistas, su más profunda fuente de inspiración fue la fantasía erótica. La mujer no era sólo un símbolo erótico sino parte de la naturaleza y la civilización. Desde ese punto de vista, Teige ataca a los especificados males sociales—guerra, pobreza, poder—y hace preguntas provocativas e irónicas.

Teige estaba sumergido en sus obras de collage durante los años de la guerra, 1939-42, cuando casi tres quintos de sus 374 collages fueron creados. Al mismo tiempo, estaba procurando, en sus obras teóricas, un camino de las ideas utópicas a una perspectiva global del arte y la sociedad. Se estaba preparando para lo que creyó iban a ser sus creaciones más importantes acerca de la historia y la interpretación del arte moderno.

Desde su fallecimiento en 1951, parte de sus obras artísticas teóricas y casi todos sus collages sobreviven en los archivos del Museo de Literatura Nacional en Praga.

Dr. Rumjana Daceva
Director, Museo de Literatura Nacional

THE ILLEGAL CAMERA • THE NETHERLANDS, 1940-1945

During the five years of German occupation in the 1940s, the Netherlands fell under German civil law. The occupiers Nazified the Dutch political, commercial, and cultural activities through enforcement of a multitude of laws and regulations. Journalists and press photographers also came under German control, through censorship and prescription of approved and unapproved subjects. Photography in general was not entirely prohibited, but the scarcity of materials and equipment restricted it severely. Amateur photographers kept their scarce rolls of film with them until the end of the war.

When life on the streets grew grimmer, hunger and shortages more evident, and looting and raiding more prevalent, some people realized this should be documented; these were the critical subjects deemed "undesirable" by the German occupiers. The photographers, having to make the pictures without being seen, hid their cameras under their coats or in the saddle bags on their bicycles. Women hid theirs in shopping bags.

In Amsterdam in the fall of 1944, Fritz Kahlenberg and Tony van Renterghem gathered a group of photographers. Soon after the liberation, the show entitled *The Hidden Camera* was organized, and the group became known under the same title. Members included Emmy Andriesse, Charles Breijer, Marius Meijboom, Cas Oorthuys, Krijn Taconis, and Ad Windig. Their work is an indelible record in the history of photography in the Netherlands.

Elsewhere in the country, professionals and amateurs had also been busy photographing. Driven by a strong sense of history, they worked under extremely dangerous circumstances to record a "human document" of the war. Menno Huizinga and Ed van Wijk in The Hague, P. J. De Booys in Arnhem, the brothers Han and Rien Boomsma on the islands in South Holland, Ferdinand Grimeyer in Rotterdam, J. D. Osinga in Hoorn, and Jacoba S. Douma in Winschoten (Groningen) all photographed in these situations.

This exhibition is a selection of images born through the courage, inventiveness, and craftsmanship of motivated photographers. Seldom before had photography represented such a determined act of resistance.

Flip Bool
Director, Netherlands Photo Archives

This exhibition is curated for FotoFest by Flip Bool and Veronica Hekking. Sponsored by the Netherlands Office for Fine Arts.

LA CÁMARA ILEGAL • LOS PAÍSES BAJOS, 1940-1945

Durante los cinco años de ocupación alemana en los 1940, los Países Bajos quedaron sujetos a la ley civil de Alemania. Los ocupadores "nazificaron" las actividades políticas, comerciales y culturales en Holanda haciendo cumplir una multitud de leyes y reglamentos. La prensa también quedó sujeta al control alemán, mediante la censura y la prescripción de sujetos y motivos aprobados y no aprobados. La fotografía en sí no fue totalmente prohibida, pero la escasez de materiales la restringió muchísimo.

Cuando la vida en la calle se puso más siniestra, el hambre y la escasez más evidentes, y los saqueos y asaltos más predominantes, algunos individuos determinaron que eso se debería documentar; esos fueron los sujetos que los ocupadores alemanes consideraban "indeseables." Los fotógrafos, habiendo tomado sus fotos sin que nadie los viera, escondían sus cámaras dentro de sus abrigos o en las carteras de sus bicicletas. Las mujeres escondían sus cámaras en las bolsas de hacer compras.

En Amsterdam, Friz Kahlenberg y Tony van Renterghem reunieron un grupo de fotógrafos en el otoño de 1944. Poco después de la Liberación, se organizó una exhibición titulada *La cámara escondida* y se pasó a conocer a ese grupo por el mismo nombre. Miembros del grupo incluyen Emmy Andriesse, Charles Breijer, Marius Meijboom, Cas Oorthuys, Krijn Taconis, y Ad Windig. Sus obras han dejado un registro indeleble en la historia de la fotografía en los Países Bajos.

En otras partes del país, también habían estado tomando fotografías. Impulsados por un fuerte sentido de historia, esos fotógrafos se dedicaron a su labor en circunstancias de enorme peligro para hacer un "documental humano" de la guerra. Menno Huizinga y Ed van Wijk en La Haya, P.J. De Booys en Arnhem, los hermanos Han y Rien Boomsma en las islas del sur de Holanda, Ferdinand Grimeyer en Rotterdam, J.D. Osinga en Hoorn, y Jacoba S. Douma en Winschoten (Groninga), todos fotografiaron bajo esas condiciones.

La exhibición es una selección de imágenes que nacieron de la valentía, inventiva y artesanía de fotógrafos motivados. La fotografía casi nunca ha representado un acto de resistencia tan determinado.

Flip Bool

BRITISH POST-INDUSTRIALISM • FROM FACTORY TO THEME PARK

During the last twenty years the processes associated with the industrial revolution like ship building, coal mining, and steel production have contracted at a rapid rate. Some factories that once produced export goods have ceased production and have reopened as industrial museums. Today people pay to see the industrial process that they were once employed in. Such shifts occur as Britain moves from an industrial economy to a service/leisure economy.

Photography illustrates this change. Over the last five years a wide range of photographers have found new ways to portray the social changes taking place in Britain by working in the documentary tradition, but expanding its vocabulary, either by using text, color images, or large-scale prints.

John Kippin's large-scale photographs represent the post-industrial landscape of the northeast region. By overlaying a text on each image, he foregrounds the way the landscape has been made. The black-and-white images taken by Peter Fryer document the working conditions of a coke furnace in Gateshead before its closure and transition to the metro Centre, one of the largest retail shopping malls in Europe. This furnace once supplied coke to one of the largest steelworks in Britain, the Consett Steelworks. Consett was a "company town" of 35,000 inhabitants. The effect of the closure of the steelworks in 1981 can still be seen ten years later in the photographs taken by Julien Germain. His color images, portraying isolated individuals, contrast with the photographs taken by Tommy Harris during the 1950s and 1960s, a period of full employment, relative security, and prosperity.

Karen Knorr's photographs from the *Gentleman* series might, at first glance, seem out of place when writing about industrial decline. The gentlemen's clubs of London copied the life-style and traditions of the aristocracy, a life that revolved around rural pursuits and leisure, not work and industry. Over a relatively short period of time many factory owners left the mills to join the gentry in the green and pleasant land of rural Britain.

From the past we make the future, but for many people the past is still their future.

Paul Wombell

This exhibition is curated by FotoFest.

POSTINDUSTRIALISMO BRITÁNICO • DE LA FÁBRICA AL PARQUE DE DIVERSIONES TEMÁTICO

Durante los últimos 20 años, los procesos que se asocian con la revolución industrial han ido disminuyendo a gran velocidad. Ciertas fábricas, que alguna vez habían producido materiales de exportación, dejaron de producirlos, y ahora han sido reabiertas como museos industriales. Tales cambios ocurren a medida que Gran Bretaña se traslada de una economía industrial a una economía de servicios y de recreo.

La fotografía ilustra esos cambios. Durante los últimos cinco años, muchos fotógrafos han encontrado nuevas maneras de representar los cambios sociales que están ocurriendo en Gran Bretaña.

Las fotografías a gran escala de John Kippin representan el paisaje postindustrial de la región noreste. Al colocar un texto en cada imagen, él hace resaltar la manera en que se percibe dicho paisaje. Las imágenes en blanco y negro tomadas por Peter Fryer registran las condiciones laborales de un horno de coquización en Gateshead antes de ser clausurado y transportado al Metro Centre, uno de los centros comerciales al por menor más grandes de Europa. Este horno solía abastecer coque a una de las fábricas de acero más grandes de Gran Bretaña, Consett Steelworks. El efecto de la clausura de la fábrica en 1981, todavía se puede ver diez años después en las fotografías tomadas por Julien Germain. Sus imágenes a color, que muestran a individuos aislados, hacen contraste con las fotografías tomadas por Tommy Harris durante las décadas de los 1950 y 1960, un período de buen empleo, de relativa seguridad y de prosperidad.

Las fotografías de Karen Knorr tomadas de la serie *Gentleman* (Caballero), podrían a primera vista, parecer fuera de lugar cuando se escribe de la decadencia industrial. Los clubs de caballeros de Londres copiaban el estilo de vida y las tradiciones de la aristocracia, una vida que giraba en torno a pasatiempos rurales y al ocio y no al trabajo y a la industria. Durante un período relativamente corto de tiempo, muchos propietarios de fábrica abandonaron sus plantas para unirse a la alta burguesía en la agradable y verde tierra de la Gran Bretaña rural.

Del pasado tejemos el futuro, pero el pasado es aún, para muchas personas, su futuro.

Paul Wombell

JULIAN GERMAIN

Untitled

NOSTALGIA FOR THE FUTURE

JOHN KIPPEN

The Time has Come
for us to play the Trump card.
The more implacably we Play
our hand in the Falklands affair
the more likely we are
to have a hand to play.

A Family Album, Poland • Wojciech Prazmowski

It sometimes seems to me that I have already seen some of my photographs, that I saw them once upon a time. I do not know when, but they seem particularly familiar to me. As if I had already been there, stood nearby, watched as if to confirm that they had already happened. A few images have remained with me (their rags and crumbs) and I am evoking them now. Maybe I keep making the same *one* photograph about passing....

Wojciech Prazmowski

This exhibition is curated by FotoFest.

Un álbum familiar, Polonia • Wojciech Prazmowski

A veces me parece que ya he visto algunas de mis fotografías, que las ví hace siglos. No sé exactamente cuándo, pero a mí me parecen muy conocidas. Como si ya hubiera estado ahí, parado ahí cerca, mirando como para confirmar que ya habían ocurrido. Algunas imágenes se han quedado conmigo (las migas y los vestigios) y ahora las estoy evocando. Quizás estoy tomando siempre la misma fotografía acerca del pasar....

Wojciech Prazmowski

PHOTO MANIFESTO • CONTEMPORARY PHOTOGRAPHY IN THE FORMER USSR

Photo Manifesto looks at the former Soviet Union through the eyes of some of its great contemporary photographers. These artists have captured expressions of what was both the external Soviet existence and the internal Soviet experience, at once informing and involving the viewer.

The Commonwealth of Independent States (CIS, formerly the USSR) is currently experiencing a time in many ways similar to the post-revolutionary avant-garde period. There has been an outburst of creative activity, and artistic and political opinions, platforms, and manifestos have proliferated. Photography is once again playing a major role.

Today in the CIS, interest in creating images with the camera has emerged from the pall of Stalinist and Cold War censorship and propaganda, producing photographs of vitality. As the new society decentralizes and loosens controls, censorship of the arts makes room for the explorations of the new avant-garde thinkers.

Although the pictures in *Photo Manifesto* fall within the framework of overall sociopolitical developments, the photographs are not about politics of *perestroika*. They represent the way in which each photographer has tried to capture his own rhythm in his own time. It is true that art and society are inextricably bound and that the history of photography in the former USSR is interwoven with the history of the Soviet government. Only personal feeling, artistry, and intellect combine to create a style, an art form that will endure and surpass the concerns of everyday life.

Photo Manifesto is accompanied by a new hardbound book of the same title published by Stewart, Tabori & Chang.

Walker, Ursitti & McGinniss, curators

MANIFIESTO FOTOGRÁFICO • LA FOTOGRAFÍA CONTEMPORÁNEA EN LA EX URSS

El Manifiesto fotográfico mira a la ex Unión Soviética a través de los ojos de algunos de sus más eminentes fotógrafos. Estos artistas han capturado expresiones tanto de la existencia externa como la experiencia interna de su población, al mismo tiempo informando e involucrando al espectador.

En la actualidad, la Comunidad de Estados Independientes (CEI, anteriormente conocida como URSS) está pasando por una época muy similar al período avant-garde postrevolucionario. Ha habido un arranque de actividad creativa, y han proliferado los manifiestos, plataformas y opiniones artísticas y políticas. Y la fotografía una vez más, está desempeñando un papel primordial.

Hoy en día en la CEI, ha surgido el interés de crear imágenes con la cámara después del aburrimiento de la censura y la propaganda Stalinista y de la Guerra Fría, produciendo fotografías de gran vitalidad. A medida que la nueva sociedad se descentraliza y afloja su control, la censura de las bellas artes deja lugar para las exploraciones de los nuevos pensadores avant-garde.

Aunque las fotos del *Manifiesto fotográfico* caen dentro del marco general de los desarrollos sociopolíticos de la ex-Unión Soviética, las fotografías no tratan con la política de *perestroika*. Representan la manera en que cada fotógrafo ha tratado de capturar su propio ritmo en su propia época. Es verdad que el arte y la sociedad están inextricablemente enlazados y que la historia de la fotografía en la ex URSS está entretejida con la historia del gobierno soviético. Los sentimientos personales, la artesanía y el intelecto confluyen para crear un estilo, una forma artística que perdurará y vencerá las inquietudes de la vida cotidiana.

El Manifiesto fotográfico es acompañado por un libro nuevo en inglés llamado *Photo Manifesto* y publicado por Stewart, Tabori & Chang.

Walker, Ursitti & McGinniss, curadores

IGOR SAVCHENKO

9.89-16.2 • 1989 • Courtesy of Walker, Ursitti & McGinniss

VLADIMIR FILONOV

Reminiscences of Russian Provinces • 1990 • Courtesy of Walker, Ursitti & McGinniss

SERGEY KOZHEMYAKIN

Children's Album • 1989 • Courtesy of Walker, Ursitti & McGinniss

BORIS MIKHAILOV

Sot's-Art, School Drill • 1975/1990 • Courtesy of Walker, Ursitti & McGinniss

ALEXANDER LAURENTIEV

Photomontage • 1989 • From the Rodchenko-Stepanova Family

Workshop • Courtesy of Walker, Ursitti & McGinniss

VARVARA RODCHENKO

Photogram • 1990 • From the Rodchenko - Stepanova Family

Workshop • Courtesy of Walker, Ursitti and McGinniss

IMAGES OF A COLLECTIVE MEMORY • CONTEMPORARY GREEK PHOTOGRAPHY

The photographs in this exhibition reflect current directions of photography and attitudes that embrace the wide spectrum of photographic expression in contemporary Greece.

At the same time, this collection illustrates in a special way the evolution of photographic expression in Greece during the last ten to fifteen years. In the absence of any significant photographic tradition and negligible training structure, creative photography developed freely in all directions and without guidelines. However, as one looks at the still lifes of Natassa Markidou and the staged re-creation of family portraits by Periclis Alkidis, what is apparent in this exhibition is a deep, intuitive dedication to reality.

People on the Beach by Yiorgos Depollas describes his personal feeling about the "mythical" seascapes of Greece when they are crowded with middle-class people. In the photographic landscapes of Nikos Panayotopoulos, visual reality dissolves when imprinted with a cheap, disposable camera; the result is a rather sentimental approach to reality close to the way we experience it. In *Second Hand Photographs*, Kostis Antoniadis describes, in pure documentary style, a hypothetical reality, in which images of ordinary people appear on billboards or on frescoes in the interior spaces of demolished houses. Periclis Alkidis's creations recycle his autobiographic family portraits, commenting on an everlasting question concerning family life as recorded in photo albums. Finally, Natassa Markidou's photographs suggest a fictional reality by either describing imaginary drained scenery or presenting objects left out of a secret ceremony.

Yiorgos Depollas

Organized by The Photography Center of Athens

IMÁGENES DE UNA MEMORIA COLECTIVA • FOTOGRAFÍA GRIEGA CONTMPORÁNEA

Las fotografías de esta exhibición reflejan los rumbos tomados por el arte fotográfico y las actitudes que abarcan el amplio espectro de la expresión fotográfica actual en la Grecia contemporánea.

Al mismo tiempo, esta colección ilustra de modo especial, la evolución de la expresión fotográfica que ocurrió en Grecia durante los últimos 10 a 15 años. Al no haber una tradición fotográfica significativa y al haber una estructura de capacitación insignificativa, la fotografía creativa se fue desarrollando libremente en toda dirección y sin pautas. Sin embargo, al mirar a las naturalezas muertas de Natassa Markidou, y las recreaciones de retratos familiares de Periclis Alkidis, lo que más resalta de todos los fotógrafos de esta exhibición, es su profunda e intuitiva dedicación a la realidad.

Gente en la playa por Yiorgos Depollas describe su sentimiento personal acerca de las "míticas" vistas marinas de Grecia cuando se encuentran congestionadas con gente de la clase media. En los paisajes fotográficos de Nikos Panayotopoulos, la realidad visual se disuelve cuando se graba con una barata cámara desechable y el resultado es un enfoque algo sentimental de la realidad que se asemeja a la manera en que la sentimos. En su *Fotografías de segunda mano*, Kostis Antoniadis describe, en puro estilo documental, una realidad hipotética en la cual imágenes de gente normal aparecen en carteleras o como frescos pintados en los interiores de casas derrumbadas. Las creaciones de Periclis Alkidis reciclan sus retratos familiares autobiográficos, haciendo comentarios sobre la eterna pregunta de la familia. La vida según los álbumes fotográficos. Y por último, las fotografías de Natassa Markidou sugieren una realidad ficticia que describe un paisaje imaginario agotado o que presenta objetos excluidos de una ceremonia secreta.

Yiorgos Depollas

Organizado por el Centro Fotográfico de Atenas. Grecia.

YIORGOS DEPOLLAS

On the Beach • Courtesy The Photography Center of Athens

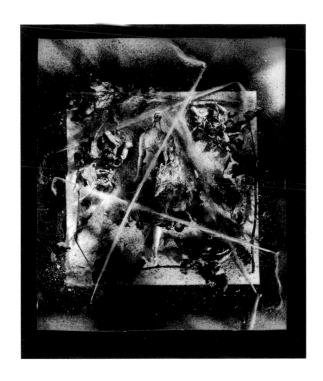

BORDERS OF SCIENCE • LENNART NILSSON, SWEDEN

Lennart Nilsson, born in 1922, began his career as a free-lance photographer in the mid-1940s. He was one of Sweden's leading photographic journalists long before he gained fame as a scientific photographer. His early stories—about the everyday life of a midwife in the north of Sweden, polar bear hunting in Spitsbergen, fishermen in the Congo River, and a great pictorial essay about the Salvation Army—were published in magazines all over the world.

Lennart Nilsson stresses that he became a reporter with a camera, even though his work is now in a different dimension, so to speak. Step by step, his work has moved toward the world of animals and the human body, reaching the limits of enlargement. He has alternated between photographing that which is visible and investigating that which is not: things which were unknown to man before there was equipment like the powerful sweep electron microscope that is able to detect items and courses of events down to a millionth of a millimeter. His work in this area has been very important in medical research.

Lennart Nilsson has been on the staff of *Life*, the international magazine, for a number of years. He has received many awards, including one for his films about the human body and the human reproductive system. In 1976, he was awarded an honorary degree in medicine by the Karolinska Institute in Stockholm, and he was the first person to receive the Erna and Victor Hasselblad Foundation Photographic Prize in 1980.

The Borders of Science includes pictures from Nilsson's recent work, exciting descriptions of "our insides close up" and "the body's defenses" (about cancer and AIDS among other things), as well as sensational pictures illustrating the beginning of life in his book, *A Child is Born*, which was first published in 1965 and republished in a completely revised edition in 1990.

The exhibition is designed and produced by Lennart Nilsson in cooperation with Rune Hassner, Curator, Hasselblad Center in Gothenburg, Sweden.

LAS FRONTERAS DE LA CIENCIA • LENNART NILSSON, SUECIA

Lennart Nilsson, nacido en 1922, comenzó su carrera como fotógrafo independiente a mediados de los 1940. El fue un renombrado fotoperiodista mucho antes de haber alcanzado fama como fotógrafo científico. Sus primeros ensayos—sobre la vida cotidiana de una partera en el norte de Suecia, la caza de osos polares en Spitsbergen, los pescadores en el Río Congo, y su gran composición pictórica sobre el Ejército de Salvación—fueron publicadas por revistas en todo el mundo.

Lennart Nilsson enfatiza que él llegó a ser un periodista con cámara, aunque su labor ahora, se encuentra en otra dimensión, por decirlo así. Paso por paso, su labor se fue moviendo hacia el mundo de los animales y del cuerpo humano, alcanzando los límites de la ampliación. Él ha ido alternando entre el fotografiar de lo que es visible e investigar lo que no es: cosas que eran desconocidas por el hombre antes de que hubiera equipo como el poderoso microscopio electrónico rastreador con capacidad de detectar cosas y acontecimientos que ocurren hasta de la millonésima parte de un milímetro. Su labor en este ramo ha sido muy importante para la investigación médica.

Lennart Nilsson, por varios años, formó parte del personal de *Life*, la revista internacional. Ha recibido muchos premios, incluso uno por sus películas sobre el cuerpo humano y el sistema reproductivo. En 1976, recibió un título honorario en medicina otorgado por el Instituto Karolinska de Estocolmo y, en 1980, fue el primero en recibir el premio fotográfico de la Fundación Erna y Victor Hasselblad.

Las fronteras de la ciencia incluye fotografías de sus obras más recientes, descripciones apasionantes de "nuestro interior de cerca" y "las defensas del cuerpo" (acerca del cáncer y del SIDA, entre otros), así como unas fotografías sensacionales que ilustran el inicio de la vida de su libro *Nace un niño* que fue publicado por primera vez en 1965, y publicado nuevamente en una edición totalmente revisada en 1990.

La exposición ha sido diseñada y producida por Lennart Nilsson en colaboración con Rune Hassner, Curadora, Centro Hasselblad en Gotemburgo, Suecia.

Female Mosquito Sucking Blood from Human Skin • *Courtesy of the Hasselblad Center*

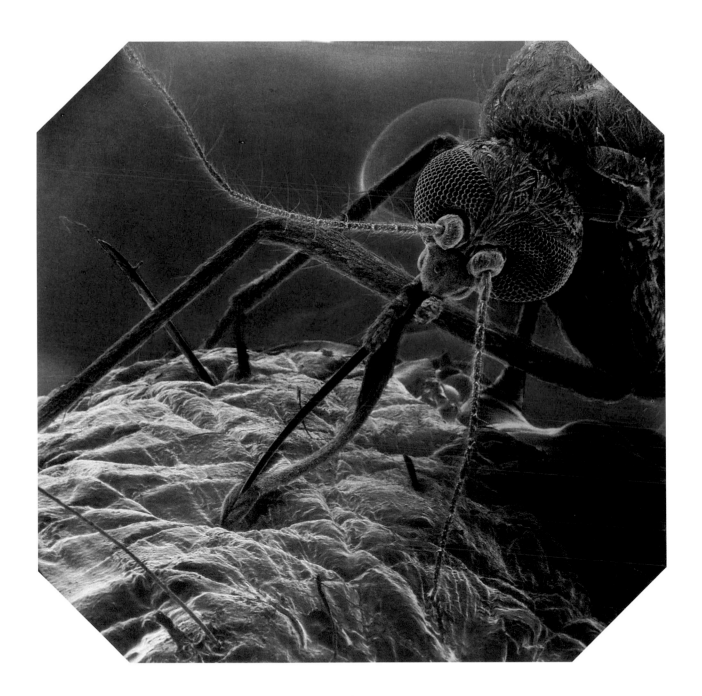

VIRTUAL REALITY • MANNERISTIC AND CONSTRUCTED PHOTOGRAPHY FROM THE NETHERLANDS

The 1980s were the years of props, costumes, surrogates, and movable scenes in the world of photography. Terms such as *appropriation, staged,* and *constructed-photography* made their appearance. The photographer acted as the director of fictive tableaux, often arranged in a "tabletop" format.

Manneristic stylizing, characterized by abstraction, refinement, and the domination of form over content, is appropriate in describing the photography of Rommert Boonstra and Henk Tas. Both descend from the Rotterdam School and are intoxicated by a sort of baroque delirium; although the work of Tas abstains from greasy humor and is based on the interchangeability of objects (and the myth surrounding them) with which we are swamped by the media, the photography of Boonstra radiates a feeling of nineteenth-century romantic melancholia.

Teun Hocks, from Brabant, produces a consistent form of narrative photography. His *Selbstinszenierungen* (self-staging)[1] are simultaneously brilliant and naive, eloquent and ludicrous.

Tjarda Sixma's *Selbstinszenierungen* portray more of a fairy world in which she engages in the endless struggle between "Good and Evil," and through her decorative staging it appears as if she wants to create more of a feeling of general alienation than to proclaim a feminist position.

These *Miniaturbuhnen* (miniature-stages)[2] show a great deal of self-assurance, expressed in a conscious, often perfectly shameless, presentation.

However, the times change; after every "crisis" there follows a renaissance. After the decadence, romanticism, and exuberance of the 1980s, many independent working photographers, at the start of the 1990s, cherish the idea of the elementary in photography. Concepts such as reduction and minimalism are central to the photography of Erica Uhlenbeck. Uhlenbeck makes visual photo puzzles on the basis of reproduced objects and constructs period-rooms from the catalogues of great collections of art. Her point of departure is order.

Mirelle Thijsen, Curator
International Photography Research, Amsterdam

1. Michael Kohler, Das Konstruierte Bild, München, 1989, p.47.
2. Ibid, p.81.

LA VERDADERA REALIDAD • FOTOGRAFÍA MANIERISTA Y CONSTRUIDA DE LOS PAÍSES BAJOS

La década de los 1980 fueron los años de los accesorios, disfraces, substitutos y escenas móviles en el mundo de la fotografía, y palabras como "apropiación," "puesto en escena" y "fotografía construida" aparecieron en el vocabulario. El fotógrafo actuaba como el director de un cuadro imaginario, a menudo usando el formato de fotos de pequeños objetos dispuestos en una mesa.

La estilización manierista, caracterizada por la abstracción, el refinamiento y el dominio de forma sobre contenido, es apropiada para describir a la fotografía de Roomert Boonstra y Henk Tas. Ambos vienen de la Escuela de Rotterdam y quedaron intoxicados por una forma de delirio barroco; mientras que la obra de Tas se abstiene del humor repelente y se basa en la intercambiabilidad de los objetos (y el mito que los rodea), con la cual estamos siendo abrumados por los medios de comunicación, la fotografía de Boonstra irradia un sentido de melancolía romántica del siglo XIX.

Teun Hocks, de Brabante, produce una forma consistente de fotografías narrativas. Sus *Selbstinszenierungen* (autopuestas en escena) son a la misma vez brillantes y cándidas, elocuentes y absurdas.

Las *Selbstinszenierungen* de Tjarda Sixma describen un mundo de hadas en el cual ella se entabla en la eterna lucha entre "el bien y el mal," y a través de su puesta en escena decorativa, parece que ella quisiera crear un sentimiento más de alienación general que proclamar una postura feminista.

Estas *Miniaturbuhnen* (escenarios en miniatura) muestran una gran cantidad de confianza en sí misma, expresada en una presentación consciente y a menudo, absolutamente desvergonzada.

No obstante, los tiempos cambian; después de cada "crisis" hay un renacimiento.

Después de la decadencia, romanticismo y exuberancia de la década de los 1980, muchos fotográfos independientes, al comenzar los 1990, abrigan la idea de lo elemental en la fotografía. Conceptos como la reducción y el minimalismo son la esencia de la fotografía de Erica Uhlenbeck. Uhlenbeck elabora rompecabezas fotográficos en base a objetos reproducidos y construye "salones de la época" sacando material de los catálogos de las grandes colecciones de arte. Su punto de partida es el orden.

Mirelle Thijsen, Curadora
Investigación Fotográfica Internacional

Sponsored by the Netherlands Office for Fine Arts, The Ministry of Health Welfare and Culture, The Hague

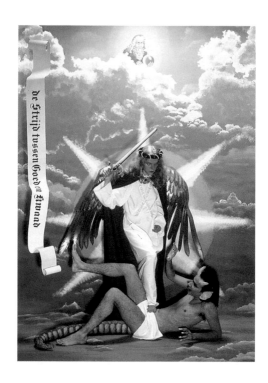

ROMMERT BOONSTRA

Untitled • 1991 • Courtesy International Photography Research, Amsterdam

ERICA UHLENBECK

Untitled • Courtesy International Photography Research, Amsterdam

INSIDE OUT • BLACK BRITISH PHOTOGRAPHERS

In Britain, the social, political, and cultural forms of racial identity of blacks has moved from immigrant through ethnic categories to the term "black" in some state institutional contexts. With black British photographers, these changes in reference are important. Not that black photographers have discovered new forms or styles. What is special is the way black photographers like Ingrid Pollard, Claudette Holmes, David A. Bailey, and Rotimi Fani-Kayode have broken away from fixed genres of photography to explore a diversity of visual codes and distinct cultural references, symbols, and iconography to articulate their experiences.

Pollard's work expresses the concerns of second-generation blacks who have ambivalent and contradictory relationships to English heritage and landscape, the historical and physical environment of England. Fani-Kayode fuses different elements, black male subjects and African iconography, to explore and subvert notions of blackness and masculinity. The manipulation of photomontage, surrealism, and multiple images in Holmes's work explores the complexity and range of experiences facing black women in Britain. Bailey focuses on nonhuman forms of representation like newspapers, magazines, and postcards that disseminate racist ideas of blacks in popular culture.

These photographers are part of a movement of black photographers—including Autograph, the association of black photographers—who engage popular cultural forms to change the dominant meanings of racial identity. This movement has produced innovative artists who continually have been denied visibility in mainstream galleries and publications. When their work is shown, it is often undervalued in terms of its form, content, and the complexity of its historical references.

Integrating conventional photographic genres with black subjects, these photographers produce new meanings by creating political dialogue through the positioning of black subjects at the center of popular cultural forms. Differences and contradictions in the work can be identified by looking at the way particular techniques, styles, and thematic concerns are used to attract particular audiences and to express particular forms of black subjectivity.

David A. Bailey
Artist and Writer

AL REVÉS • FOTÓGRAFOS NEGROS BRITÁNICOS

En Gran Bretaña, las formas sociopolíticas y culturales de la identidad racial de los negros han ido cambiando desde lo inmigrante, vía las categorías étnicas, a la palabra negro en algunos contextos institucionales. Para los fotógrafos negros británicos, esos cambios de referencia son importantes. No es que los fotógrafos negros hayan descubierto formas o estilos nuevos; sino lo que es especial es la manera en que fotógrafos negros como Ingrid Pollard, Claudette Holmes, David A. Bailey, y Rotimi Fani-Kayode se han separado de los géneros fijos de la fotografía para explorar una diversidad de códigos y referencias culturales específicas, así como símbolos e iconografía para articular sus experiencias.

Las obras de Pollard expresan las inquietudes de los negros de segunda generación, quienes tienen relaciones contradictorias y ambivalentes con el paisaje y el legado británico, y con el ambiente físico e histórico de Inglaterra. Fani-Kayode fusiona diferentes elementos, hombres negros y la iconografía africana para explorar y derribar las nociones de lo negro y lo masculino. La manipulación de fotomontajes, surrealismo e imágenes múltiples en las obras de Holmes, explora la complejidad y la gama de experiencias que enfrentan a la mujer negra en Gran Bretaña. Bailey enfoca las formas de representación no humanas, como periódicos, revistas y tarjetas postales, que difunden las ideas racistas de lo que es el negro en la cultura popular.

Esta gente es parte de un movimiento de fotógrafos negros—incluso Autograph, la asociación de fotógrafos negros—que usan las formas culturales populares para cambiar los significados dominantes de la identidad racial. Este movimiento ha producido artistas innovadores a quienes se les ha negado, continuamente, visibilidad en las principales galerías y publicaciones. Cuando sí se exhiben sus obras, muchas veces se menosprecian en términos de su forma, contenido y la complejidad de sus referencias históricas.

Se pueden identificar las diferencias y las contradicciones en las obras al ver la manera en que se usan técnicas, estilos e inquietudes temáticas para atraer un público en particular y para expresar formas únicas a la subjetividad negra.

David A. Bailey
Artista y escritor

CLAUDETTE HOLMES
Carol

THE MEDITERRANEAN • TONI CATANY

My vision of the Mediterranean begins at the Baleares, as if they were the center, a bit as if I were standing on the terrace of the house at Llucmajor from where I can see the small island of Cabrera and one day look in one direction, the following day another—sometimes a visit to Tangier, another time Tunisia.

My first contact with another Mediterranean occurred in 1966, just after the war between Egypt and Israel; with the writer Baltasar Porcel, I visited these two countries while doing a story for *Destino* magazine.

One day, I fell in love with Morocco and soon after with Tunisia—a justified love because I still found in Maghreb, virgin beaches, transparent waters, savory fruits...things which have almost disappeared in other countries through tourism, development, and inevitable progress.

I visited these countries for the pleasure of traveling and to satisfy my curiosity like a simple tourist. Slowly I became aware of this complex Mediterranean world, the Egypt of the Pharaohs in full decadence when, in the Baleares, they were barely beginning to raise the *talaiots* (prehistoric monuments); the presence of the Romans in Tunisia (El Djem, Douga), in Morocco (Volubilis), and also in Turkey; and the Greeks in Italy (Paestum).

And throughout thousands of years, linking faraway lands and mixing people and cultures, *La Mer...* The Sea, which has become the bathtub of Europe, will soon be a cesspool if we don't act rapidly.

I come from a nonirrigated agricultural region. In my village, twelve kilometers from the sea, we say: "La mar fa forat y tapa." (The sea makes holes and fills them.) Perhaps it is for this reason that the sea appears so consciously in this exhibition.

Finally, the pretension of this exhibition is to awaken in the viewer a sensation as simple as the one provoked by the perfume of jasmine that a wall is trying to hide.

Toni Catany
Llucmajor - Barcelona

EL MEDITERRÁNEO • TONI CATANY

Mi visión del Mediterráneo empieza con las Islas Baleares, como si éstas fueran el centro—un poco como si estuviera parado en la terraza de la casa en Llucmajor de donde puedo ver la pequeña isla de Cabrera—y un día miro en una dirección y en el otro en otra; a veces una visita a Tánger y a veces una a Túnez.

Mi primer contacto con un Mediterráneo diferente ocurrió en 1966, justo después de la guerra entre Egipto e Israel; junto con el escritor Baltasar Porcel, visité esos dos países al preparar un artículo para la revista *Destino*.

Un día, me enamoré con Marruecos, y poco después con Túnez—un enamoro justificado porque en Maghreb, encontré todavía playas vírgenes, aguas transparentes, frutas sabrosas...cosas que ya casi no existen en otros países debido al turismo, al desarrollo y al inevitable progreso.

Visité esos países por el gusto de viajar y para satisfacer mi curiosidad como simple turista. Poco a poco, me fui enterando de ese mundo mediterráneo complejo, el Egipto de los faraones en total decadencia cuando en las Islas Baleares, apenas estaban comenzando a erguir los *talaiotes* (monumentos prehistóricos); la presencia de los romanos en Túnez (El Djem, Douga), en Marruecos (Volubilis), y también en Turquía; así como los griegos en Italia (Paestum).

Y por miles de años, ligando a las tierras de allá lejos y mezclando gente y culturas—*La Mer....* El mar, que ha pasado a ser la bañera de Europa, y que pronto será el pozo negro si no actuamos con rapidez.

Yo vengo de una región agrícola no irrigada. En mi pueblo, a doce kilómetros del mar, decimos: "La mar fa forat y tapa." (El mar hace agujeros y los tapa.) Quizá es por eso que la presencia del mar se nota tanto en esta exhibición.

Por último, esta exposición pretende despertar en el espectador una sensación tan sencilla como la que provoca el perfume de un jasmín que una pared trata de ocultar.

Toni Catany
Llucmajor - Barcelona

LATIN AMERICA / LATINOAMÉRICA

GEORGE R. BROWN CONVENTION CENTER

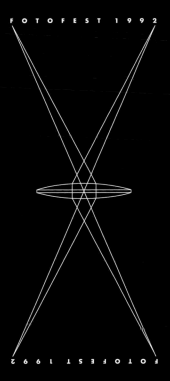

FOTOFEST 1992

FOTOFEST 1992

The War of the Triple Alliance, 1865-1870 • Esteban García, Uruguay

By the time the Civil War was coming to its end in the United States, another terrible conflict was beginning in South America. That war brought Paraguay face to face with the Triple Alliance of Argentina, Brazil, and Uruguay. It lasted from 1865 to 1870 and devastated the Paraguayan nation: from a population of 1,300,000, only 28,000 men and 200,000 women survived. Thus, a unique experiment (started by Dictator José Gaspar Rodriguez de Francia, followed by Carlos Antonio López and later by his son, Francisco Solano López), an experiment that could have changed the history of Latin America, was interrupted. The Paraguayan project, strongly nationalistic, combined modern technology learned in Europe with traditional forms of economics practiced in the native communities.

Paraguayan society had developed silently for decades, isolated from the rest of the continent, until it became a dangerous example for French and British interests: not only was Paraguay almost free of illiteracy, it also had built its own locomotive. European diplomacy moved fast. Old territorial disputes were magnified, and soon Brazil and Argentina were disposed to fight. The constitutional government of Uruguay refused to join the aggression, but it was soon overthrown and the new President immediately signed the Treaty of Alliance. The invading troops' first target was the Paraguayan steel plant.

Montevideo had a number of photographic studios at that time. One, called Bate & Co., which was founded by North American immigrants, sent a group of photographers headed by Estéban García to document the war in Paraguay. About 7000 wet plates were sensitized and developed inside a canvas tent, which the group moved to follow the action. The prints were sold in Montevideo under the title of *The Illustrated War*. No military action was photographed directly, and the most impressive shots show a group of Paraguayan prisoners and a heap of corpses on a battlefield. Two sets of prints have been preserved in Montevideo by the National Library and the Historical Museum.

Diana Mines
Critic and photohistorian, Uruguay

La Guerra de la Triple Alianza, 1865-1870 • Esteban García, Uruguay

Al tiempo que terminaba la Guerra Civil en Estados Unidos, comenzaba otro terrible conflicto en América del Sur. La guerra enfrentó al Paraguay con la llamada Triple Alianza, que incluía Argentina, Brasil y Uruguay. Duró de 1865 a 1870 y devastó al Paraguay: de una población de 1.300.000 personas, sólo sobrevivieron 28.000 hombres y unas 200.000 mujeres. Así una experiencia única (comenzada por el Dictador José Gaspar Rodríguez de Francia, seguida por Carlos Antonio López y luego por su hijo, Francisco Solano López), que pudo haber cambiado la historia de la América Latina, fue interrumpida.

El proyecto paraguayo, fuertemente nacionalista, combinaba la tecnología moderna aprendida de Europa, con formas tradicionales de economía, practicadas por las comunidades oriundas. La sociedad paraguaya se desarrolló silenciosamente durante décadas, aislada del resto del continente, hasta convertirse en un ejemplo peligroso para los intereses franceses y británicos: no sólo que el Paraguay carecía casi por completo de analfabetas, sino que había llegado a construir su propio ferrocarril. La diplomacia europea se movió rápidamente. Viejas querellas territoriales fueron magnificadas y pronto Brasil y Argentina estaban dispuestos a combatir. El gobierno constitucional del Uruguay se negaba a sumarse a la agresión, pero fue derrocado al poco tiempo y el nuevo presidente firmó de inmediato el Tratado de Alianza. El primer objetivo de las tropas invasoras, fue la planta siderúrgica.

Montevideo tenía en esa época varios estudios fotográficos. El llamado Bate & Cía., fundado por inmigrantes norteamericanos, envío a un grupo de fotógrafos, encabezado por Esteban García, para documentar la guerra del Paraguay. Unas 7.000 placas de colodión fueron sensibilizadas y reveladas dentro de una carpa que el grupo iba moviendo para seguir la acción. Las copias fueron vendidas en Montevideo bajo el título de *La Guerra Ilustrada*. No se fotografió ninguna acción militar directa, y las tomas más impresionantes muestran a un grupo de prisioneros paraguayos y una pila de cadáveres en el campo de batalla. Se han conservado dos juegos de fotografías, uno en la Biblioteca Nacional y otro en el Museo Histórico.

Diana Mines
Crítica y historiadora fotográfica, Uruguay

The Opening of a Frontier • Marc Ferrez • Brazil 1880-1890

Descendent of a family of artists, Marc Ferrez occupies a special place in the history of Brazilian photography. No early Brazilian photographer worked so diligently or with such love for art and his country as Marc Ferrez.

Throughout the long period of 1860 to 1910, Ferrez photographed many of Brazil's principal cities, documenting the construction of railroads, recording the appearance of monuments, bridges, plantations, Indian tribes, mining operations, waterworks and waterfalls, forests, rivers, ports, industrial installations, and the entire fleet of the Imperial Navy.

Having learned photography from Franz Keller, a German engineer and botanist, Ferrez opened his own business in 1865. He soon rivaled the court photographers. In 1872, he formed the Almanak Laemmert, thus following a path different from that of his contemporaries by specializing in views, Brazilian landscapes, and photographs of ships, which was quite difficult in the days before the "instantaneous" dry plate was invented. In May 1875, Ferrez accepted an invitation to serve as photographer of the Geologic Commission of the Empire of Brazil. More than two hundred photos taken by Ferrez on the expedition were shown in 1877 at the commission headquarters.

Ferrez was also interested in physics and chemistry, seeking to understand everything that might eventually be even remotely applicable to photography. He was constantly performing experiments, attempting to ally his art with other sciences. Yet Ferrez was, above all, an artist.

In his time, the artist had to prepare wet plates with the collodion solution. Handling plates was a delicate affair. He also had to sensitize the printing paper. It is easy to imagine the difficulties of working outside the laboratory with these plates that were meant to be used under studio conditions.

Viewers today are awed by the luminosity, the accuracy of perspective, the gradation of the various planes—with sharp detail from foreground to infinity—and the impeccable craftsmanship of Marc Ferrez's negatives. In every way, the work of Marc Ferrez is a landmark in the history of Brazilian photography.

Taken from the writings of Gilberto Ferrez (translated by Stella de Sá Rego), *Photography in Brazil 1840-1900.*

These photographs are from the private collection of Gilberto Ferrez, grandson of Marc Ferrez. This exhibition is curated by FotoFest and Gilberto Ferrez.

La abertura de una frontera • Marc Ferrez, Brasil 1880-1890

Descendiente de una familia de artistas, Marc Ferrez ocupa un lugar predilecto en la historia de la fotografía brasileña. A través del largo período de 1860 a 1910, Ferrez fotografió muchas de las ciudades principales del Brasil, documentando la construcción de ferrocarriles, registrando monumentos, puentes, *fazendas* agrícolas, tribus de indígenas, operaciones mineras, estilos de vestir, pinturas por artistas brasileños, sistemas de abastecimiento de agua, cascadas, selvas, ríos, puertos, instalaciones industriales, y la flota entera de la Marina Imperial.

Habiendo aprendido fotografía de Franz Keller, un ingeniero y botánico alemán, Ferrez abrió su propio estudio en 1865. Pronto estaba compitiendo con los fotógrafos de la Corte. En 1872, formó el *Almanak Laemmert*, siguiendo así un camino diferente al de sus contemporáneos, especializándose en tomas del paisaje brasileño, y en fotografiar navíos, lo cual era bastante difícil en esos días antes de que se inventara la placa seca "instantánea." En mayo de 1875, Ferrez aceptó una invitación para ser el fotógrafo de una expedición de la Comisión Geológica del Imperio Brasileño. Más de 200 fotografías tomadas por Ferrez durante ese viaje, fueron exhibidas en 1877 en la sede de la Comisión. Su reputación aumentó rápidamente.

Ferrez también estaba interesado en la física y la química, tratando de entender todo lo que algún día podría ser siquiera remotamente aplicable a la fotografía. Realizaba experimentos constantemente, tratando de hacer alianza entre su arte y las demás ciencias. No obstante, Ferrez fue sobre todo, un artista.

En esa época, un artista tenía que preparar placas de colodión. El manipuleo de las placas necesitaba un toque delicado. También tenía que sensibilizar el papel de las impresiones. Es fácil imaginar las dificultades de trabajar fuera del laboratorio con placas que se tendrían que haber usado en condiciones de estudio únicamente.

Los espectadores de hoy en día, se asombran de la luminosidad, la exactitud de la perspectiva, la gradación de los diferentes planos—con detalles bien definidos desde el primer plano al infinito—y la impecable artesanía de los negativos de Marc Ferrez. En todos sus aspectos, las obras de Marc Ferrez son un señero en la historia de la fotografía brasileña.

De las obras de Gilberto Ferrez

THE COLONIAL LEGACY • RELIGIOUS PHOTOGRAPHS OF GUATEMALA: 1870-1920

Juan José de Jesús Yas (1844-1917) was the first Japanese subject to settle in Guatemala, arriving in 1877. He is considered a Guatemalan photographer since it is there that he learned his trade, opened his studio "Fotografía Japonesa," married, and realized all of his work until his death in Antigua Guatemala. Yas, his wife, and his nephew, J.D. Noriega, relocated in 1885 to that beautiful colonial city. The aesthetic excellence and the eminently religious character of Antigua attracted Yas, who had converted to Catholicism.

To appreciate Yas's work we must keep in mind his religious fervor. Numerous pious images are good examples: St. Christopher, St. Joseph, and St. Gerome (all males), all carvings from sixteenth– and seventeenth–century Antigua Guatemala; justly celebrated saints whom Yas honored in a particular manner by photographing them in his studio, adding different backgrounds, vegetation, rocks, and other allusive elements to make them more lifelike. Yas had an instinct for dramatic effects; he photographed the representation of his religious feelings, of his Catholic faith. Even his photographs of church and hermitage ruins seem to be symbols of a religiosity strong enough to survive earthquakes and other ravages of time and nature.

Even though José Domingo Noriega (1889-1973) was his nephew, their styles and the spirit of their work have very little in common. Noriega's extroverted look is in opposition to the introverted appearance of Yas's images. He puts his interest in the life of the city and its inhabitants first. His models are comfortable and natural; there is no decoration, no superfluous detail that distracts us from his vision. It is a minimalist style that was very modern for the time.

His religious feelings are revealed only in the photographs of the dead, which were very popular in many countries in the 1920s and 1930s. In spite of the decorous staging desired by relatives, the composition is clear and simple.

Although their temperaments differed, the same spirituality allowed their works to serve the beautiful Antigua Guatemala where both now rest in peace.

María Cristina Orive
September, 1991

These photographs come from the CIRMA Archive (Centro de Investigaciones Regionales de Mesoamérica). Curated by FotoFest

EL LEGADO COLONIAL • FOTOGRAFÍAS RELIGIOSAS DE GUATEMALA, 1870-1920

Juan José de Jesús Yas (1844-1917) fue el primer súbdito japonés que se radicó en Guatemala, a donde llegó en 1877. Se le considera un fotógrafo guatemalteco pues fue allí donde aprendió su profesión, donde inauguró su estudio Fotografía Japonesa, donde se casó y donde realizó toda su obra, hasta su muerte en Antigua Guatemala. Yas, su esposa y su sobrino, J. D. Noriega, se habían trasladado en 1895 a esa bella ciudad colonial. La excelencia estética y el carácter eminentemente religioso de la ciudad habían atraído a Yas, recién convertido al catolicismo.

Para apreciar la obra de Yas tenemos que tener en cuenta su gran fervor religioso. Valen como ejemplo las numerosas fotografías de imágenes piadosas: San Cristobal, San José, San Jerónimo (siempre varones), todas tallas de los siglos XVI y XVII de la Antigua Guatemala, justamente célebres, a quienes Yas rindió un homenaje muy particular ya que las fotografió en su estudio, agregando diferentes telones de fondo, vegetación, piedras y otros elementos alusivos como para darles mayor vida. Yas poseía un gran sentido de lo dramático: fotografiaba la representación de su sentimiento religioso, de su fe católica. Aun sus fotografías de ruinas de iglesias y ermitas de Antigua Guatemala parecen símbolos de una religiosidad a prueba de terremotos y otros estragos de la naturaleza y del tiempo.

A pesar de que José Domingo Noriega (1885-1973) era su sobrino, sus estilos y el espíritu de sus obras tienen poco en común. A la mirada introvertida de Yas, José Domingo opone una mirada extrovertida. En él prima su interés por la vida de su ciudad y de sus habitantes. Gran retratista, sus modelos están cómodos, y naturales; ningún decorado, ningún detalle superfluo nos distrae de su visión. Es un estilo despojado, muy moderno para la época.

Sólo aflora su sentimiento religioso en los fotografías de difuntos, tan apreciadas en muchos países en las décadas de los 20 y 30. A pesar de las puestas en escena adornadas deseadas por los familiares, la composición es simple y clara.

Si sus temperamentos difieren, una misma espiritualidad emparenta sus obras al servicio de la bella Antigua Guatemala donde ambos reposan.

María Cristina Orive
Setiembre, 1991

The New City • Medellín, Colombia: 1890-1920

The capital of Antioquia in northwestern Colombia, Medellín, was a quiet village until the final decade of the nineteenth century. Located in a lovely valley, the city is surrounded by forbidding mountain barriers. Medellín's economy consisted principally of gold mining, early efforts at trade and commerce, and coffee-growing in the outlying settlements. Access to Europe was by mule train to the Magdalena River, then navigation north to the Atlantic and beyond. The opening of the Antioquia railroad accelerated the process of expansion. Despite its remarkable geographic isolation, Medellín grew quickly from a quiet town to a bustling center of industry and commerce.

The visual record of this development was created by Benjamin de la Calle (1869-1982), Melitón Rodríguez (1875-1942), and later by Jorge Obando (1891-1982).

From his studio near the Antioquia railroad station, De la Calle photographed the merchants departing for Europe, applying the same polished discipline with which he recorded the dignity of the peasants of the region who had begun to visit and eventually to emigrate to Medellín. De la Calle documented social events, anniversaries, diplomatic visits, and the arrival of the first airplane.

A classic and serenely elegant style characterizes the work of Melitón Rodríguez. These qualities reflect his early interest in the arts, particularly in painting—interests that were stimulated during his childhood when important artists of the day visited the Rodríguez home. Books and a camera brought from Paris as a gift from an uncle introduced Rodríguez to photography. His career began in 1892, and today the rich legacy of growth of a Latin American city is kept alive by his heirs.

The visual record of Medellín continued in the work of Jorge Obando, especially through the thirties and forties. Obando was a photojournalist for newspapers in Medellín and Bogotá. His photographs of political demonstrations, funeral ceremonies, the first airplane crash, fire trucks, and taxis are invaluable documents of the graphic reporting of Medellín's characteristic dynamism.

Juan Alberto Gaviria

Curated by FotoFest and Juan Alberto Gaviria, Centro Colombo Americano, Medellín

La ciudad nueva • Medellín, Colombia: 1890-1920

Medellín era un pueblo tranquilo hasta la última década del siglo XIX. Situado en un bello valle, la ciudad está rodeada por una formidable barrera montañosa. La economía de Medellín consiste principalmente en la mina de oro, esfuerzos anteriores de trueque y comercio, y el cultivo del café en los poblados de la vecindad. La accesibilidad a Europa era por mulas al Río Magdalena, luego navegación al norte al Atlántico y más allá.

El ferrocarril de Antioquia aceleró el proceso de expansión. A pesar de su notable aislamiento geográfico, Medellín se convirtió en un ruidoso centro industrial y comercial en poco tiempo.

La memoria visual de esos hechos fueron documentados por Benjamín de la Calle (1869-1982), Melitón Rodríguez (1875-1942), y más tarde, por Jorge Obando (1891-1982).

El estudio de Benjamín de la Calle estaba cerca de la estación de ferrocarril de Antioquia. Benjamín captó a los solemnes comerciantes partiendo para Europa con la misma disciplina refinada que usó para retratar la noble inocencia de los campesinos de esa región, quienes habían empezado a visitar y finalmente a reubicarse en Medellín. Benjamín de la Calle documentó eventos sociales, visitas diplomáticas y la llegada del primer avión.

Un estilo clásico y serenamente elegante caracteriza las obras de Melitón Rodríguez. Estas cualidades reflejan sus tempranos intereses en las artes, principalmente la pintura— intereses que se estimularon durante su niñez, cuando artistas importantes de la época frecuentaban el hogar de Rodríguez. Unos libros y una cámara traídos de París, como regalo de parte de un tío, lo introdujeron a la fotografía. La carrera de Melitón Rodríguez empezó en 1892, y hoy en día, la rica leyenda de la evolución de una ciudad latinoamericana se mantiene por sus herederos.

La documentación visual de Medellín continuó con las obras de Jorge Obando, especialmente en las décadas de los 30 y 40. Obando era un fotoperiodista para los periódicos de Medellín y Bogotá. Sus fotografías de demostraciones políticas, cortejos fúnebres, el primer accidente de avión, bomberos y taxis, son documentos inestimables de reportajes gráficos de las características dinámicas de Medellín.

Juan Alberto Gaviria, Curador
Centro Colombo-Americano, Medellín

JORGE OBANDO

Panorámica de la Plaza Sonsán • 1935

MODERNITY IN THE SOUTHERN ANDES • PERUVIAN PHOTOGRAPHY 1900-1930

Peruvian Photography 1900-1930 is the portrait of a nation at the dawn of the modern era, drawn from the work of seven photographers who lived in the Southern Andes of Peru. Politically and culturally, these were years of progress and optimism in Peru, marked by an unprecedented economic boom that reached its peak in 1920. Socially, racially, and geographically, these photographers represent a subtle cross-section of Peruvian life; their varied techniques, subject matter, and artistic personalities offer a rare insight into the complex heritage that shaped them and the exuberantly hybrid world they depict.

The work of Miguel Chani, with its unconventional arrangements, histrionic tableaux, and novel backdrops bearing Inca motifs, marks him as a transitional figure with strong links to nineteenth-century photography. Figueroa–Aznar, a flamboyant and eccentric bohemian, was the precursor of Sabogal and other Peruvian painters whose work would later be known as Indigenismo. The Vargas brothers, famous for their night photography, were among the first to show the work of Indigenistas at their elegant gallery in Arequipa. Martín Chambi's revealing and provocative images have earned him a prominent place in the history of Latin American photography. Unlike Chambi, who documented the full spectrum of Andean society, his assistant, Crisanto Cabrera, the "photographer of the poor," served a more modest clientele. Sebastian Rodriguez's subjects were similarly humble—peasants who had left their lands to work in the bleak and dangerous mines of Morococha.

These photographers captured a country in the throes of modernization, a process which, though frequently brutal, carried with it the dream of prosperity and political progress for all. Their pictures still resonate today, as Peru struggles with a crisis fueled by the unfulfilled promises of modernization. By turns shocking, enigmatic, comic, and beautiful, these photographs bear witness to the drama of cultural collision and assimilation that began with Columbus five centuries ago.

Fernando Castro, Edward Ranney, Peter Yenne, Curators

This exhibition is a joint effort of the Asociación Vargas Hnos., the Chambi Collection, Fototeca Andina, the Instituto Audio Visual Inka, the Photographic Archive Project, and the untiring research of Adelma Benavente.

LA MODERNIDAD EN EL SUR ANDINO • FOTOGRAFÍA PERUANA 1900-1930

Fotografía Peruana 1900-1930, es el retrato de una nación al amanecer de la era moderna, extraido de la obra de siete fotógrafos que vivieron en el sur andino del Perú. Política y culturalmente, esos fueron años de progreso y optimismo en el Perú; marcados por un auge económico sin precedentes que llegó a un pico en 1920. Social, racial y geográficamente, estos fotógrafos representan un sutil corte transversal de la vida peruana; su diversidad de técnicas, temática y personalidades artísticas brindan un penetrante vislumbre de ese complejo patrimonio cultural que los formó y del mundo exuberantemente híbrido que ellos describen.

La obra de Miguel Chani, con sus arreglos poco convencionales, sus escenas histriónicos y novedosos fondos portando motivos Incas, lo distinguen a él como una figura transicional con fuertes lazos en la fotografía del siglo XIX. Figueroa-Aznar, un bohemio extravagante y excéntrico, fue el precursor de Sabogal y otros pintores peruanos, cuya obra sería conocida más tarde bajo la etiqueta del Indigenismo. Los hermanos Vargas, famosos en su tiempo por su fotografía nocturna, fueron los primeros en mostrar la obra de pintores indigenistas en su elegante galería en Arequipa. Las imágenes reveladoras y provocadoras de Martín Chambi le han ganado un lugar prominente en la historia de la fotografía de la América Latina. A diferencia de Chambi, quien documentó el espectro completo de la sociedad andina, su asistente, Crisanto Cabrera, el "fotógrafo de los pobres," prestó servicios a una clientela más modesta. Los sujetos de Sebastián Rodríguez fueron similarmente humildes—campesinos que habían dejado sus tierras para trabajar en las oscuras y peligrosas minas de Morococha.

Estos fotógrafos captaron un país en plena modernización, un proceso que aunque frecuentemente brutal, contiene el sueño de la prosperidad y el progreso político para todos. Sus imágenes aún resuenan hoy mientras el Perú batalla con una crisis alimentada por las promesas incumplidas de la modernización. Por turno chocantes, enigmáticas, cómicas y hermosas, estas fotografías son testigos del drama de una colisión cultural y una asimilación que comenzó hace cinco siglos con Cristobal Colón.

Fernando Castro, Edward Ranney, Peter Yenne
Curadores

Esta muestra es el esfuerzo conjunto de la Asociación Vargas Hnos. la Colección Chambi, Fototeca Andina, el Instituto Audio Visual Inka, el Photographic Archive Project y la infatigable y valiosa labor investigativa de Adelma Benavente.

Self Portrait with his painting of the Bishop • Courtesy of the Instituto Audio Visual Inka

ECUADOR, OLD AND NEW, 1880-1990

Brought by foreigners toward the end of the 1850s, photography appeared somewhat late in Ecuador.

The "studio portrait" was developed first, but then the photographers abandoned their studios and went in search of cityscapes and earthquakes and revolutions.

Indians first appeared in photographs during the period of 1870-1890, but as exotic beings; their misery was hidden, and their rich imaginary interior was ignored. Later the missionaries photographed the people of the Amazon, their daily lives, rituals, and cultural transformations as they came in contact with colonization. This extraordinary social and human documentary was recovered from abandoned missionary and private archives and is exhibited in *Portrait of Ancient Lineages, Photographic Testimony of the Ecuadorian Amazon of 1880-1940.*

Lucía Chiriboga V.
Photographer and curator, Quito

In Ecuador creative photography began to spread popularly only in the last ten years. For many, it is still not an art medium.

Aside from being one of the best portrait photographers in the Americas, Hugo Cifuentes has been an artistic photographer for the last fifty years, although he claims to have been doing creative photography only since 1982. His photographic essays make a statement in which Ecuador is seen from the inside out, marked by the country characteristics, its tradition, social contrasts, suffering, outrage, humor, and human dignity.

Cifuentes and his son Francisco won the "Casa de las Américas" prize in Cuba in 1983 for their touching essay, *Huaiñurca,*

which in Quechua means "death." A book of Hugo Cifuentes's works, *Sendas del Ecuador* (Ecuadorian Pathways), has been published in Mexico.

Luis Mejía has dedicated his life to photojournalism. His work has been published in Ecuador's most widely read newspapers and magazines; it not only represents the Ecuadorian news but a particularly Mejían view of daily life in the Andes.

His street photography won first prize at the *Photographic Encounter* of "Casa de la Cultura" in 1982. Last year a book of his work was published by the Ecuadorian Central Bank.

Robert Torske, Photographer, Quito

Curated by FotoFest and Lucía Chiriboga V.

ECUADOR, LO ANTIGUO Y LO NUEVO, 1880-1990

La fotografía en el Ecuador aparece tardíamente, de la mano de visitantes extranjeros, hacia finales de la década de 1850.

Inicialmente se desarrolla el "retrato de estudio," reemplazando al retrato al óleo, pero luego los fotógrafos salen en pos de las ciudades, sus escenas callejeras, sus mercados; a testimoniar los terremotos y las revoluciones políticas, y el paisaje.

Los indios primero aparecen en fotografías en el período de 1870-1890, pero como seres exóticos, oculta la miseria que los rodea e ignorado su rico imaginario interior. Posteriormente, los misioneros fotografiaron a la gente de la Amazonía, sus vidas cotidianas, ritos y transformaciones culturales a medida que fueron entrando en contacto con la colonización. Este es un extraordinario documento social y humano que hemos recuperado de abandonados archivos misionales y particulares para

construir esta exhibición *Retrato de Antiguos Linajes, Testimonio Fotográfico de la Amazonía Ecuatoriana, 1880-1940.*

Lucía Chiriboga V.
Fotógrafa y curadora, Quito

La fotografía creadora del Ecuador se empezó a diseminar popularmente sólo en los últimos 10 años. Para muchos, sigue siendo inaceptable como medio artístico.

Hugo Cifuentes, aparte de ser uno de los mejores fotógrafos retratistas de las Américas, se ha dedicado a la fotografía artística por más de 50 años, aunque dice que su fotografía creativa comenzó recién en 1982. Sus composiciones fotográficas desarrollan un testimonio que ve al Ecuador de adentro para fuera, marcadas por lo que hace al país lo que es: su tradición, contrastes sociales, sufrimiento, ultraje, humor y dignidad humana.

Él y su hijo, Francisco, ganaron el premio "Casa de las Américas" de Cuba, en 1983, por su composición conmovedora *Huaiñurca,* que en Quechua significa "la muerte." En México, se ha publicado un libro de las obras de Hugo Cifuentes, *Sendas del Ecuador.*

Luis Mejía ha dedicado su vida al fotoperiodismo. Las revistas y los periódicos más leídos del Ecuador han tenido el privilegio de publicar sus obras, que no sólo representan las noticias ecuatorianas, sino también un punto de vista muy particular a Mejía, de la vida cotidiana de los Andes.

Sus fotografías callejeras ganaron el primer premio en el primer Encuentro Fotográfico de la Casa de la Cultura, en 1982. El año pasado, el Banco Central del Ecuador publicó un libro de sus obras.

Robert Torske
Fotógrafo, Quito

ARTIST UNKNOWN

1926 • Courtesy of the Taller Visual, Centro de Investigaciones Fotográficas

CROSSING OF CULTURES • FOUR WOMEN IN ARGENTINA, 1930-1970

Argentina's rich tradition of portrait photography began in Buenos Aires in 1880 with the opening of a studio by Alejandro S. Witcomb. In 1930, Annemarie Heinrich originated a new style different from the *flou* (soft-focus images) and the pictorial allegories of that era. She introduced ideal beauty, clear and transparent. Her sources of inspiration were the women artists of the nascent and prosperous Argentine movie industry. From the beginning, and until 1970, she portrayed the divas in all their splendor, charm, and detachment. Heinrich is known for the quality of her images and a technical perfection comparable to that of her famous contemporaries, Cecil Beaton, Edward Steichen, and Horst.

Also in the 1930s, Grete Stern arrived, exiled, fleeing from Nazism, after having spent some time in London. Coming from the famous Bauhaus in Berlin, she expressed herself by capturing in her portraits the beauty of reality. She reconciles the exterior form and the interior life of her subjects: intellectuals, musicians, painters. She provided the spirit of the German school, which was much admired by subsequent generations.

Sara Facio and Alicia d'Amico began their careers together as portraitists in the 1960s. They tried to reflect a reality with a sense of commitment and solidarity: the testimonial essay. Their portraits of the famous and the unknown were taken in the outdoors, far from artificial lights and long studio poses. They tried to capture the instantaneous, the emotional, the real, developing their subject matter in the form of extensive reports.

In their book *Humanario* (Editorial La Azotea, 1976, Buenos Aires), with photos that show, for the first time, conditions in the hospitals for the mentally ill, Julio Cortázar wrote: "Sara Facio and Alicia d'Amico, photographers in Buenos Aires, authors of admirable portraits, descended into the hell of a lunatic asylum and brought back a testimony that merits the title *Humanario*. My text would not have been written had I not known for a long time of their goodness and comprehension, their avoidance of the spectacular and the aberrant. They bring us a reality, as few have, that is finally opening a way through the hypocrisies."

Sara Facio
Buenos Aires, 1991

This exhibition is curated by FotoFest

CRUCE DE CULTURAS • CUATRO MUJERES DE LA ARGENTINA, 1930-1970

Es posible afirmar que en la Argentina hay una rica tradición de retratistas iniciada por Alejandro S. Witcomb desde que abrió su estudio en Buenos Aires en 1880.

En 1930, Annemarie Heinrich irrumpe con su estilo diferenciado de los *flou (imágenes borrosas ofuera de foco)* y las alegorías pictóricas de esa época. Introduce la belleza de lo ideal, nítida y transparente. Su fuente de inspiración son las artistas de la naciente y próspera industria cinematográfica argentina. Desde sus comienzos hasta 1970, retrata a las divas en todo su esplendor, encanto y lejanía. Heinrich se destaca por la calidad de sus imágenes y una perfección técnica comparable a la de sus famosos contemporáneos Cecil Beaton, Edward Steichen y Horst.

También en los años 30 llega Grete Stern, exilada, huyendo del nazismo, después de pasar una temporada en Londres. Formada en la célebre *Bauhaus* de Berlín, se expresa captando en sus retratos la belleza de lo real. Concilia la forma exterior y la vida interior de sus modelos: intelectuales, músicos, pintores. Dio a conocer el espíritu de la escuela alemana, que fue admirado por las generaciones posteriores.

Sara Facio y Alicia d'Amico empiezan juntas su carrera de retratistas en la década del 60. Buscan reflejar una realidad con sentido del compromiso y la solidaridad: el ensayo testimonial. Realizan al aire libre sus retratos de famosos o desconocidos, lejos de las luces artificiales y las largas poses en estudio. Transitan por lo instantáneo, lo emotivo, lo verdadero, desarrollando temas en forma de extensos reportajes.

Del libro *Humanario* (La Azotea Editorial, 1976. Buenos Aires), con fotos que revelan por primera vez la situación de los hospitales de enfermos mentales, escribió Julio Cortázar: "Sara Facio y Alicia d'Amico, fotógrafas de Buenos Aires, autoras de admirables retratos, descendieron al infierno de un manicomio y de él trajeron un testimonio que bien merece su título de *Humanario*. Mi texto no hubiera sido escrito si yo no conociera desde hace mucho su bondad y comprensión evitando lo espectacular y lo aberrante. Nos acercan como pocos a una realidad que por fin se está abriendo paso entre hipocresías."

Sara Facio
Buenos Aires, 1991

WITNESSES OF TIME • FLOR GARDUÑO, MEXICO

The photographic work of Flor Garduño has been centered, for the past ten years, on aspects of the life of the indigenous communities that reveal the sacred and the symbolic. The forms in Garduño's photographs cease being a natural setting, human figure, offering, or animal, and are converted, with their details and umbrage, into significant magical relationships.

Witnesses of Time brings together the work done by Garduño during her travels to various indigenous communities of Mexico, Guatemala, Ecuador, Peru, and Bolivia. The photographer discovers, in the most distant communities, cultural traditions inherited from people who lived before *la Conquista* that, blended and fused with beliefs imported from Europe, have persisted for 500 years. A spiritual dimension accompanies each act of daily life. The ritual feeling is interwoven with daily life and gives it strength and meaning. The simplest of events in these Latin American communities recovers the significance and spiritual magnitude of the original traditions that integration with the effects of the natural setting have not lost.

The images in *Witnesses of Time* describe not only the natural areas of the indigenous communities of our hemisphere, their architecture, their customs, rites, and ceremonies; they are a testimony of those manifestations in which the peoples of the Americas express the wealth, the congruity, and the solidarity of their vision of the world. In the fine light and silver surface, Garduño manages to reveal the fluid thread of history and time, and our most precious legacy: our own voice.

Laura González
Photographer, Mexico City

TESTIGOS DEL TIEMPO • FLOR GARDUÑO, MÉXICO

Flor Garduño se ha concentrado, desde hace diez años, en aquellos aspectos de la vida de las comunidades indígenas que revelan lo sagrado y lo simbólico. Las formas en las fotos de Garduño dejan de ser entorno natural, figura humana, ofrenda o animal para convertirse, con sus detalles y sus sombras, en relaciones mágicas, significativas.

Testigos del tiempo reune el trabajo de Garduño en su recorrido por diversas comunidades indígenas en México, Guatemala, Ecuador, Perú, y Bolivia. La fotógrafa descubre, en las comunidades más distantes, tradiciones culturales herederas de aquellas que existían antes de la Conquista y que, mezclándose y confundiéndose con las creencias importadas de Europa, han persistido por 500 años. La dimensión espiritual acompaña cada uno de los actos de la vida diaria. El sentido ritual se entreteje con lo cotidiano, y le da fuerza y sentido. Los acontecimientos más sencillos cobran una trascendencia y una magnitud espiritual en estas comunidades latinoamericanas que no han perdido su integración con las fuerzas de su entorno natural.

Las imágenes de *Testigos del tiempo* no sólo describen el ámbito natural de las comunidades indígenas de nuestro hemisferio, su arquitectura, sus costumbres, ritos y ceremonias, sino que son un testimonio de esas manifestaciones en las que los pueblos americanos expresan la riqueza, la congruencia y la solidez de su visión del mundo. En la fina superficie de luz y plata Garduño logra revelar el hilo fluido de historias y tiempo, y nuestro más precioso legado: la propia voz.

Laura González
Fotógrafa, Ciudad de México

NUPCIAS DE SOLEDAD • LUIS GONZÁLEZ PALMA, GUATEMALA

Here is the result of an incessant search for essentiality, in the midst of light and darkness, faced with eloquent images of history. Here is the cruel beauty of hard times. Here, accurately defined, are the nothingness and the whole of a continent, because the faces of the beings who preside over this universe are undoubtedly Latin American—a battered imprint surrounded by thorns and wings. Here is the pulsation of the days, the years, and the centuries, a simultaneous beating of protest and song. Here are skin-deep tenderness and despair.

It is in González Palma's photographs that the common reality of Latin America is unveiled and nakedly displayed, as contrasted and fragmented as some of the spaces that evoke it; wherein beliefs, imposed five hundred years ago, and memories of a brutal confrontation overlie each other like one night over another, because each of them is a path with unfathomable tracks keeping pace with amazement. With revived language they draw penetrating profiles of heroes and anti-heroes taken from a Kafkaian world.

That which was astonishment before the camera today turns into a question; that which was a mask becomes satire and supplication with voices more shrill than the complaint. That which was, in the beginning of the creative process, a play of light and shadow, is converted into a vivid history of the oppressed who lost their stature in the bowels of oblivion.

Like doors and windows, these photographs give way to the spirit that identifies with this absence of hope that has survived a long period of contempt and, so as not to diminish the seriousness of the discourse, separates itself from all "delicate" procedures, all sublimation of the art of photography. It could not be otherwise, because only in this way can a consistent and reliable message be delivered. In this sense, the work becomes anti-photography, like anti-poetry, to give man, as the Chilean critic Fernando Alegría says, "the right to force society and to force oneself."

Francisco Morales Santos, Poet
Guatemala City

NUPCIAS DE SOLEDAD • LUIS GONZÁLEZ PALMA, GUATEMALA

He aquí el resultado de una incesante búsqueda de la esencialidad, en medio de la luz y la tiniebla, frente a imágenes elocuentes en su historia. He aquí la belleza cruel de tiempos duros. He aquí, definidos con exactitud, la nada y el todo de un continente—porque los rostros de los seres que presiden este universo son inequívocamente latinoamericanos—la maltrecha huella flanqueada por espinas y alas. He aquí la pulsación de los días, los años y los siglos, latido que es protesta y cantar al mismo tiempo. He aquí la ternura junto a la desesperanza a flor de piel.

Porque en las fotografías de Luís González Palma se descorre el velo para mostrar al desnudo la realidad común de Latinoamérica, contrastante y fragmentada como algunos espacios que la evocan, en el que las creencias impuestas hace quinientos años y los recuerdos de una brutal confrontación se sobreponen como una noche encima de otra. Porque cada una de ellas es un sendero con huellas abisales a la medida del asombro. Con lenguaje redivivo trazan perfiles penetrantes de héroes y antihéroes sacados de un mundo kafkiano.

Lo que fue asombro delante de la cámara, hoy se convierte en pregunta; lo que fue máscara deviene sátira y conjuro con voces más impactantes que la queja. Lo que en el inicio de la labor creadora fue juego de luz y sombra, se traduce en vívida historia de oprimidos que perdieron su estatura en las entrañas del olvido.

Como las puertas y las ventanas, estas fotografías ceden paso al espíritu que se identifica con esa orfandad de esperanza que ha sobrevivido a un vasto tiempo de desprecio y, para que no se vea aminorada la gravedad del discurso, apartan de sí todo procedimiento "delicado," toda sublimación del arte de la fotografía. No podría ser de otra manera, pues sólo así se alcanza a dar un mensaje congruente y fidedigno. En tal sentido, la obra deviene antifotografía, para, de la misma manera que la antipoesía, devolverle al hombre "el derecho a violentar la sociedad y violentarse a sí mismo," como dice el crítico chileno Fernando Alegría.

Francisco Morales Santos
Poeta, Ciudad de Guatemala

In the Eye of the Beholder • The Secret Archive • El Salvador, 1980-1991

I put on clean clothes, and I go to town. Doña Lola waves to me from the window, inviting me for coffee. There is no better coffee in all Morazán than Doña Lola's. I'm out of film. Doña Lola, who is sixty years old, climbs on a chair to reach the top of the wardrobe where she has a pile of old clothes. From the middle of the pile, she takes out a bag of corn and from inside that, another bag with twenty rolls of 36-exposures Plus-X film. Doña Lola keeps my film at her house because it is less damp there. She knows that if the army find my rolls of film she will run the same risk as if they had found a rifle.

A Panateca Photographer

The archive from which *In The Eye Of The Beholder* is drawn, 80,000 negatives documenting the past twelve years, was prepared by Salvadorans to preserve and protect an accurate record of their lives. Sixty years of military domination have strengthened resistance. Thousands of civilians, many of them on suspicion of being a subversive, have been assassinated or disappeared.

The violence of the military has led to the development of an armed opposition, which controls large areas of the country. The army and the government try to prevent entry into these areas, restricting access by journalists, photographers, teachers, and health-care professionals in particular. So it is that the El Salvador photo archive provides an intimate and unique perspective of life that has been both dangerous and irrepressible.

Some contributing photographers are journalists, filmmakers, or artists, and others acquired their photographic education through experience. Most are Salvadorans; the work is presented anonymously to safeguard their lives and the lives of their relatives. The photographs were printed by Jonathan Moller, John Willis, and Fazel Sheikh. Jaquie Dow did the finishing work.

Katy Lyle, Curator
Panateca, The Travelling Museum

A los ojos del espectador • El archivo secreto • El Salvador, 1980-1991

Me pongo ropa limpia y voy al centro. Doña Lola me hace señas de su ventana, invitándome a un café. No existe mejor café en todo Morazán que el que prepara Doña Lola. Me he quedado sin película. Doña Lola, con sus 60 años, se sube en una silla para alcanzar la parte alta del armario, en donde tiene un montón de ropa vieja. Del medio de la ropa, saca una bolsa de maíz y dentro de esa, otra bolsa con veinte rollos de Plus-X de 36 exposiciones. Doña Lola me guarda la película en su casa porque ahí es menos húmedo. Ella sabe que si el ejército encuentra mis rollos de película, ella correrá el mismo riesgo que si la encontraran con un fusil.

Fotógrafo de Panateca

El archivo de donde se ha tomado esta exposición tiene unos 80.000 negativos que documentan los últimos doce años; fue elaborado por salvadoreños para preservar y proteger un informe exacto de sus vidas. Los sesenta años de dominio militar han reforzado la resistencia. Miles de civiles, muchos de ellos sospechados de ser subversivos, han sido asesinados o simplemente dados por desaparecidos.

La violencia de los militares ha provocado el desarrollo de una oposición armada que controla grandes regiones del país. El ejército y el gobierno tratan de impedir el paso a esas zonas, restringiendo el acceso a periodistas, fotógrafos, profesores y profesionales en salud en particular. Es por eso que el archivo de fotografías de El Salvador ofrece una perspectiva íntima y única de la vida en este país, la que ha sido tanto peligrosa como imposible de detener.

Algunos de los fotógrafos que han contribuido a este archivo son periodistas, cineastas o artistas profesionales, otros se han formado a base de experiencias. La mayoría de ellos son salvadoreños; sus obras se publican en el anonimato para proteger su vida y la de los suyos. El trabajo de impresión de la exposición estuvo a cargo de Jonathan Moller, John Willis, y Fazel Sheikh. Tantos mujeres como hombres salvadoreños han contribuido mucho a la preparación de la exposición. Jaquie Dow le dió los toques finales.

Katy Lyle, Curadora
El Museo en Volante

THE URBAN LANDSCAPE • URUGUAY AND ARGENTINA

Although they are part of the same generation, Juan Angel Urruzola (born in 1953) and Mario Marotta (born in 1957) were affected differently by the Uruguayan dictatorship of 1973 to 1985.

Politically active, Urruzola spent a brief period in prison but was given the opportunity to leave the country. In Paris for the next fourteen years, he studied photography and worked with Latin American filmmakers, and in advertising. Since returning to Uruguay in 1987, he has worked as a professional photographer and graphic designer. He has participated in several group exhibitions, mainly showing the work he did in Paris. *Granja Pepita*, the April 1991 exhibition at the gallery of the Alliance Uruguay-United States of America represented his first major Uruguayan project. Thematically and spiritually, the series reflects the present state of the Uruguayan culture: continuous and systematic destruction of the economy, architecture, education, and life values. The photographs are an expression of sorrow, an intimate one, much like the mood of Atget's record of old Paris.

When Marotta started working as a photojournalist at age eighteen, he became an eye-witness to atrocities many citizens ignored. The bitterness his camera expressed then still shows in his present work. But because photographers need to love some of the subjects they shoot—love something, someone—Marotta found his source of joy among loners like himself: the musicians, the men in a psychiatric hospital, the hidden places or the imagined ones. The more he looked inside himself, the more he scratched his prints and smeared them with paint. Madness is a place to feel free.

Far from the blatant protest that characterized Latin American photography of the seventies, our cameras have turned more subjective and perhaps more skeptical. Unsure about the correct way to change things, photographers grab at the only certainty left: that we shall not forget.

Diana Mines
Critic and Photohistorian, Uruguay

This exhibition is curated by FotoFest.

EL PANORAMA URBANO • URUGUAY Y ARGENTINA

Aunque forman parte de la misma generación, Juan Angel Urruzola (nacido en 1953) y Mario Marotta (nacido en 1957) se vieron afectados de modo diferente por la dictadura uruguaya de 1973 a 1985.

Urruzola, políticamente activo, fue encarcelado por un breve período, pero se permitió que se exilara de su país. En París, durante los próximos catorce años, él estudió fotografía, colaboró con cinematógrafos latinoamericanos, y trabajó en publicidad. Desde su regreso al Uruguay en 1987, él se ha dedicado a ser fotógrafo profesional y diseñador gráfico. Ha participado en varias exhibiciones de grupo, principalmente exhibiendo las obras que hizo en París. *Granja Pepita*, la exhibición de abril de 1991 en la galería de la Alianza Uruguay-Estados Unidos de América, representó su primer proyecto uruguayo de magnitud.

Temática y espiritualmente, la serie refleja el estado actual de la cultura uruguaya: la continua y sistemática destrucción de la economía, la arquitectura, la educación y los valores de la vida. Las fotografías son una expresión de tristeza, de un dolor íntimo, que se asemeja a la melancolía de lo que dejó Atget con sus memorias del París de antaño.

Cuando Marotta comenzó a trabajar como fotoperiodista a la edad de 18, él fue testigo ocular de las atrocidades que muchos ciudadanos prefirieron no ver. La amargura que su cámara expresó en ese entonces, todavía se ve en sus obras actuales. Pero, porque fotógrafos necesitan amar a algunos de los sujetos que toman—amar algo o alguien—Marotta encontró su fuente de alegría entre las personas tan solitarias como él: los músicos, los hombres en un hospital psiquiátrico, los lugares escondidos o los imaginados. Cuanto más miró dentro de sí mismo, tanto más rasguñó sus positivas y más las manchó con pintura. La locura es un lugar en donde uno se siente libre.

Lejos de las protestas descaradas que caracterizaron la fotorgrafía latinoamericana durante la década de los setenta, nuestras cámaras se han puesto más subjetivas y quizás más escépticas. Sin saber el método correcto de cambiar las cosas, los fotógrafos se aferran a la única certidumbre que queda: que no olvidemos.

Diana Mines
Crítica y historiadora fotográfica, Uruguay

The city is as grey as weariness.
Crowds walk along empty streets.
The past is a mixture of discolored prides
And mangling horrors.
The men who are alone do not wait any more.
The father is dead.
He was not even assassinated.
Spitting upon his children
The children died as well.
Those who did not die, spit.
There are deceiving mirrors that distort the contours.
False or true?
How do we know where love gives way to fear?
A blind man points out the light.
Prophets get drunk in brothels.
Thieves forgive those who were cheated.
Some twisted masks toast us,
Sinners.
They get ready to see the spectacle.
There are teeth moving amidst the taste of salt
To rip them out or to continue biting them.
The air is damp and cold.
In the empty houses, consciences are clear.
They prepare for sleeplessness.
But everything shines and is in order.
As it should be.
There is only one doubt.
Which tie should be worn at one's own funeral?

Eduardo Gil
Argentina, Photographer and Critic

La ciudad es gris como el cansancio.
Multitudes caminan por las calles vacías.
El pasado es una mezcla de orgullos desteñidos.
Y horrores lacerantes.
Los hombres que están solos ya no esperan.
El padre se murío.
Ni siquiera fue asesinado.
Escupiendo a sus hijos.
Los hijos también murieron.
Los que no murieron escupen.
Hay espejos engañosos desdibujando los contornos.
¿Mentira o verdad?
¿Cómo saber dónde el amor deja paso al espanto?
Un ciego señala la luz.
Los profetas se emborrachan en los burdeles.
Los ladrones perdonan a los estafados.
Algunas máscaras crispadas brindan por nosotros.
Pecadores.
Se aprestan a ver el espectáculo.
Hay dientes que se mueven entre el gusto a sal.
Arrancarlos desgarrando o seguir mordiéndolos.
El aire está húmedo y frío.
En las casas vacías, las conciencias claras.
Se preparan a no poder dormir.
Pero todo brilla y está ordenado.
Como corresponde.
Sólo hay una duda.
¿Qué corbata estrenar en el propio velatorio?

Eduardo Gil
Argentina, Fotógrafo y Crítico

OSCAR PINTOR

Buenos Aires, 1986

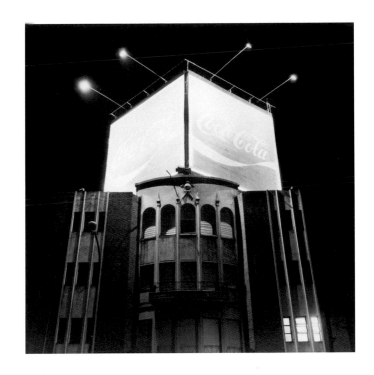

JUAN TRAVNIK

Buenos Aires, 1989

COLOR FROM BRAZIL

They breathe color as they breathe air. Some swallow a single breath with gluttonous gulps; others savor it slowly and multiply it in infinite nuances. They plunge in the photographic emulsion: the color becomes saturated or dissolves imperceptibly. Finally others resort to computers and provoke a dialogue between the diverse elements they introduce into the found image. These are our Brazilian photographers impassioned with color.

Walter Firmo moves toward meeting dreams and taming them. These are the colored dreams that grow in the Brazilian sun: exuberant, transparent, mysterious, and simple.

The camera of Miguel Rio Branco captures monochromatic colors. The perception hesitates: who is derived from whom? Did the copper-colored body copy the color of the clothes or is it the opposite?

Antonio Sagesse portrays the real world. The faded poster is tacked to the wall. The decor reveals the desires that hide in the fold of a poster or in an abandoned corner between well-arranged tools on a garage wall.

A doubt: is it a photo or a painting? Penna Prearo uses his camera as a paintbrush. His imagination and creativity spawn extraterrestrial beings who bring in their wake a vaporous comet.

Sometimes colors move thousands of miles to find their twin, as in the diptychs of Pedro Vasquez. There is a fusion or fragmentation, an attraction or repulsion of colors and transparencies.

Sometimes colors move thousands of miles to find a catalyst like Arnoldo Pappalardo. Some, still asleep on an unmade bed, wake up suddenly, while others, well awake in an aggressive still life, peek out from under a pile of trash.

Cassio Vasconcellos and Carlos Fadon Vicente turn toward a dialogue of languages. Vasconcellos tames a video screen and the cold images become romantic: the color sketches a face, the face transforms into color, the color slips into void. Fadon uses the computer to establish, as he says, "an aesthetic and conceptual research about the new media that emerge from the synergy between art and technology."

Stefania Bril
Photography Critic, Director of Fuji Photographic Center, São Paulo
This exhibition is curated by FotoFest with assistance from Celina Lunsford, Germany.

COLOR DEL BRASIL

Respiran el color como respiran el aire. Algunos lo aspiran de una sola vez, con golosos tragos; otros lo saborean lentamente multiplicándolo en sutiles matices. Se sumergen en la emulsión fotográfica: el color se satura o se disuelve imperceptiblemente. Otros recurren a las computadoras para provocar un diálogo entre los diversos elementos que insertan en la imagen hallada. Son éstos nuestros fotógrafos brasileños, apasionados del color.

Walter Firmo tiende a amansar los sueños que encuentra. Son sueños coloridos que aparecen bajo el sol brasileño: exuberantes, transparentes, simples y misteriosos.

La cámara de Miguel Rio Branco capta colores monocromáticos. Titubea la percepción ¿quién se deriva de quién? ¿Acaso el cuerpo cobrizo copia el color de la vestimenta o es que ocurre lo contrario?

Antonio Sagesse retrata el mundo real. El descolorido afiche está clavado a la pared. El decorado revela los deseos que se esconden en el doblez de un afiche o en una esquina abandonada del garaje entre herramientas ordenadamente colgadas en la pared.

Surge la duda ¿es fotografía o pintura? Penna Prearo usa su cámara como un pincel. Su imaginación y creatividad hacen surgir seres extraterrestres que dejan en su estela un cometa vaporoso.

A veces, los colores deben recorrer miles de millas para encontrar su igual; como en los dípticos de Pedro Vásquez. Hay una fusión o una fragmentación, una atracción o repulsión de colores y transparencias.

Otras veces, los colores deben recorrer miles de millas para encontrar un catalizador como Arnoldo Pappalardo. Algunos, todavía duermen sobre lechos revueltos y despiertan súbitamente; otros, en plena vigilia dentro de una agresiva naturaleza muerta, echan ojeada desde el fondo de un basural.

Cassio Vasconcellos y Carlos Fadon Vicente se vuelcan hacia un diálogo de lenguas. Vasconcellos domestica la pantalla de video y las frías imágenes se tornan románticas: el color dibuja un rostro, el rostro se transforma en color, el color se desliza hacia el vacío. Fadon usa la computadora para establecer, como él dice, "una búsqueda estética y conceptual sobre los medios nuevos que emergen de la sinergia entre el arte y la tecnología."

Stefania Bril
Crítica de fotografía

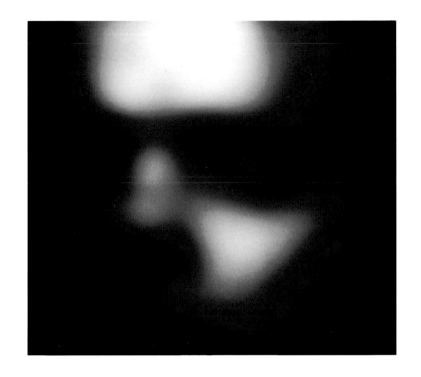

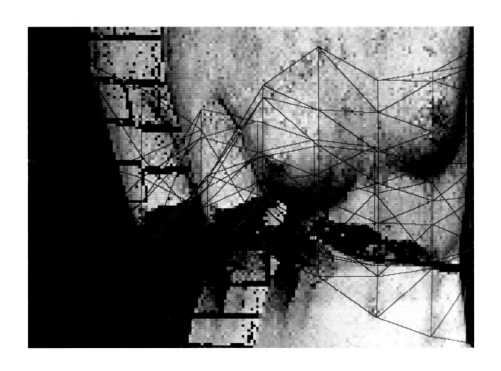

CARLOS FADON VICENTE

MARIO CRAVO NETO • BRAZIL

My life is solitary, and the time I dedicate to my work is measured by the interruptions from the outside world. Most people don't understand that the time the artist spends in his work is vitally important to his development as a man and as an artist. The telephone keeps ringing.

My intention is to charge these photographs with the mystical and religious energy that expresses itself in the temperament, sentiment, and humanity of the religious and cultural syncretism of Bahia.

My photographs are imaginary images of our ethnic descent. The contemplative and dramatic visages presented are the scars of our inheritance.

Mario Cravo Neto

Mario Cravo Neto was born in Salvador, Bahia, where he currently lives and works. His photographs are represented by Witkin Gallery in New York, Fahey/Klein Gallery in Los Angeles, and Galeria Bruno Musati in São Paulo.

He has had one-man exhibitions at Pallazzo Fortuny in Venice, Vision Gallery in San Francisco, The Photographic Museum in Helsinki, Galleria Il Diaframma in Milan, and Galerie Springer in Berlin, and has taken part in the following group shows: *Splendeur et misère du corps*, Musée d'Art et d'Histoire de Fribourg–Musée d'Art Moderne de la Ville de Paris; *Von der Natur in der Kunst*, Messealast

Wien; *Het Partret*, Canon Image Centre, Amsterdam; *Op Possition, 2*–Fotografie Biennale Rotterdam; and *Fotografie Lateinamerika*, Kunsthaus Zurich Akademie der Kunst, Berlin.

MARIO CRAVO NETO • BRASIL

Mi vida es solitaria, y el tiempo que dedico a mi trabajo se mide por las interrupciones del mundo externo. Muchos no entienden que el tiempo que el artista dedica a su trabajo es de imprescindible importancia a su desarrollo como hombre y como artista. Las llamadas telefónicas siguen.

Mi intención es de imbuir estas fotografías con la energía mística y religiosa que se expresa en el temperamento, el sentimiento y la humanidad del sincretismo religioso y cultural de Bahía.

Mis fotografías son imágenes imaginarias de nuestra descendencia étnica. Los semblantes contemplativos y dramáticos que se presentan son las cicatrices de nuestro caudal hereditario.

Mario Cravo Neto

Mario Cravo Neto nació en Salvador, Bahía, en donde hoy día trabaja y vive. Sus fotografías son representadas por Witkin Gallery en Nueva York, Fahey/Klein Gallery en Los Angeles y Galeria Bruno Musati en São Paulo.

Él ha tenido exhibiciones individuales en el Palazzo Fortuny de Venecia, Vision Gallery en San Francisco, el Museo Fotográfico de Helsinki, Galleria Il Diaframma en Milano, y Galerie Springer en Berlín, y ha participado en las siguientes exhibiciones de grupo: *Splendeur et misère du corps*, Musée d'Art et d'Histoire de Friburgo—Musée d'Art Moderne de la Ville de Paris; *Von der Natur in der Kunst*, Messealast, en Viena; *Het Partret*,

Canon Image Centre, Amsterdam; *Op Possition, 2*—Fotografie Biennale Roterdam; y *Fotografie Lateinamerika*, Kunsthaus Zurich, Akademie der Kunst, Berlín.

ON THE EDGE • COLOMBIA

Fernell Franco summarizes a Colombian photographic and pictorial tradition. His photography describes the urban spaces used by us all: the pool hall and the brothel. Franco accentuates the poetry of spaces, illuminating them by coloring or painting his photographs. Franco inventories the urban environment of the Third World, as if he were X-raying a city's heart.

To discover a way, in the secrets of photographic techniques, to enter into contact with the viewer has been of particular interest to Becky Mayer in her artistic works. But the viewer always kept his distance as observer. In her present work, the viewer is reflected before the very image of death, establishing a strong social commitment.

Miguel Angel Rojas sometimes does photography, but that is not his main interest.

What enthuses him is the creation of art through the possibilities offered by photographic materials. His interest in Indian roots, in different spaces, in the tortuous and beautiful relationships of human behavior, leads him to a kind of painting with photography. His works then become full of anthropological signs and keys and clues, and if necessary, he uses photography.

Juan Camilo Uribe is one of the artists labeled as *kitsch*. He makes collages with images of saints. He occasionally takes photographs of his own work, but only for record-keeping. He uses popular tools such as *telescopios* (cheap plastic slide viewers) which turn spaces into something joyful, fun, and full of surprises. Bernardo Salcedo does not take photographs. He chooses existing photographs from books, magazines, and

antique shops. These are photographs that have already lost their original essence, their meaning; to these, Salcedo adds new elements that change their former connotations, allowing them to enter upon a new life, full of suggestions that enrich the viewer's perception.

Jorge Ortiz goes back to the basic elements of the photographic process. Without using a camera, he creates effects of light through colored papers that are sometimes exposed to the natural phenomena of the climate, without reflecting any image at all except the actual reality created by light and matter.

This exhibition is curated by FotoFest and Alberto Sierra Maya.

EN EL UMBRAL • COLOMBIA

Fernell Franco resume una tradición fotográfica y pictórica de Colombia. Su fotografía describe el espacio urbano usado por todos: el salón de billares o el prostíbulo. Franco acentúa la poesía de los espacios al iluminar, coloreando o pintando, sus fotografías. Franco hace un inventario del ambiente urbano del Tercer Mundo, como si estuviera sacando una radiografía del corazón de una ciudad.

Descubrir, en los secretos de la técnica fotográfica, una salida para el contacto con el espectador, ha sido de especial interés para la obra artística de Becky Mayer. Pero el espectador siempre mantuvo su distancia de observador. Ahora, en su trabajo, el espectador se refleja ante la imagen misma de la muerte, estableciendo un fuerte compromiso social.

Miguel Angel Rojas algunas veces hace fotografías, pero ese no es su interés primor-

dial. A él lo entusiasma hacer arte con las posibilidades ofrecidas por el material fotográfico. Su interés en las raíces indígenas, en diferentes espacios, en las relaciones tortuosas y bellas del comportamiento humano, lo lleva a una especie de pintura con lo fotográfico. La obra se llena entonces de signos, de huellas y de claves antropológicas, y si es necesario, usa la fotografía.

Juan Camilo Uribe es uno de los artistas catalogados como *kitsch*. Hace collages con imágenes de santos. A veces, hace fotos de sus mismas obras, pero sólo como si fuera un registro. Él utiliza medios populares como el *telescopio* (una barata visionadora de plástico para diapositivas) que vuelven el espacio jocoso, divertido y lleno de sorpresas.

Bernardo Salcedo no toma fotografías. Él escoge fotografías existentes de libros, revistas y anticuarios. Esas fotos

probablemente ya no tienen su esencia original, su sentido; a éstas, Salcedo agrega elementos nuevos que cambian su connotación anterior, permitiéndoles entrar en una vida nueva llena de sugerencias que enriquecen la percepción del espectador.

Jorge Ortiz vuelve a los elementos fundamentales del proceso fotográfico. Sin el uso de la cámara crea efectos de luz por medio de papeles de colores a veces expuestos al fenómeno natural del tiempo sin reflejar imagen alguna, sino la realidad misma creada por la luz y la materia.

Alberto Sierra Maya, Ex Curador del Museo de Arte Moderno de Medellín

BERNANDO SALCEDO
Los Fusilados

JORGE ORTIZ

Coleccíon Alberto Sierra Maya • Galería de la Oficina

ON THE EDGE • VENEZUELA

"A small ship sails toward America. Among all the large and small ships, this one carries a dragon. The Dragon walks the deck among the flying fishes: with a silver thermometer he checks the febrile sea, with his eyes wide he labors through the night. The dreamer, the Dragon goes in search of the world. It is a small ship that sails to America, but it is the only one, among all the others, that carries a dragon."

With these beautiful words, Ramón Palomares, a brilliant Venezuelan poet, begins the lyrical poem dedicated to the 18th century naturalist, Alexander von Humboldt. We chose these words in this context because this is how photography came to Venezuela in 1840, like a dragon searching the world, by ship, in a small box consigned to Antonio

Damirón, who had traveled to France specifically to bring back the then-miraculous invention. Subsequently, the box would disappear mysteriously from customs. More prosaically, as befits this medium, the serpentine photography would end up in the hands of merchants. Advertising themselves as producers of exquisite "artistic photographs," they would give credence to those elements of the not-so-holy trinity that have been intimately intertwined since the time of the Renaissance: art, science, and commerce. Nevertheless, the spirit of the dragon was already roaming about our South American territory with curiosity.

Palomares's words apply to photography because the poet envelops his symbolic animal in the similarities also true of photography: world searcher, discoverer of dreams.

This type of image, unforeseen and secretive, gave us in time a continental image that generally had not been proposed by our idealistic and phantasmagoric society. Our image, since the Conquest, had consisted of only the European way of depicting photography, with the ample space in which it moved about, and offered, instead of a historic grief for not being, the joy of feeling, even if only in images, the desires and the inevitable; dreams and misfortunes; harmony and tension; peace and violence. That is, a flowering of the inner spirit.

María Teresa Boulton
Photohistorian and critic, Caracas

This exhibition is curated by FotoFest.

EN EL UMBRAL • VENEZUELA

"Un pequeño barco viaja hacia América. Entre todos los barcos grandes y pequeños este barco lleva un Dragón. El Dragón se pasea por la cubierta entre los peces voladores: con un termómetro de plata sondea la fiebre marina, con sus largos ojos de serpiente trabaja la noche. El soñador, el Dragón va en busca del mundo. Es un pequeño barco en viaje hacia América, pero sólo él entre todos lleva un Dragón...."

Con estas hermosísimas palabras, Ramón Palomares, brillante poeta venezolano, inicia sus líricas dedicadas al naturalista del siglo XVIII, Alejandro von Humboldt. Las hemos escogido en este contexto porque así llegó la fotografía a Venezuela en 1840, como un Dragón buscando el mundo, en barco, en un pequeño cajón encargado por

Antonio Damirón, quien había viajado a Francia expresamente para traer el entonces milagroso invento. Luego el cajón se extraviaría misteriosamente en la aduana nacional y mucho más prosaicamente, como corresponde a este medio, la fotografía serpentina llegaría a manos de comerciantes que, anunciándose como productores de exquisitas "fotografías artísticas", evidenciarían esos elementos particulares de la no tan divina trinidad que se han entretejido íntimamente desde el Renacimento: arte, ciencia y mercado. No obstante, el espíritu del Dragón ya rondaba curioseando por nuestro territorio sudamericano.

Si bien las palabras de Palomares también se aplican a la fotografía, porque el poeta viste a su simbólico animal con las similitudes también propias a la fotografía:

hurgador de mundo, descubridor de sueños. Este tipo de imagen, imprevisto y sigiloso, nos presentó, con el pasar del tiempo, una imagen continental que generalmente no había sido propuesta por nuestra destacada sociedad idealista y fantasmagórica. Nuestra imagen, que desde la época de la Conquista, se había porfiado con únicamente lo europeo, encontró que, con el amplio espacio de la fotografía, ofrecía en vez de un pesar histórico por no ser, el goce de sentir, aún en imágenes, los deseos y lo inevitable; los sueños y las fatalidades; lo armónico y lo estridente; la calma y la violencia. Es decir, la eclosión de un espíritu cercano, y por eso siempre mejor.

María Teresa Boulton
Fotohistoridora y crítica, Caracas

FRAN BEAUFRAND

EDGAR MORENO

The Secret

VASCO SZINETAR

Mario Vargas Llosa

GALLERIES / MUSEUMS / ART SPACES

FOTOFEST 1992

GEORGE KRAUSE: UNIVERSAL ISSUES

This exhibition is the first retrospective to survey the career of the internationally acclaimed photographer George Krause. It includes more than 150 photographs taken over three decades that examine universal themes such as life, death, religion, and sexuality. Organized in four distinct series, *The Street, Qui Riposa, Saints and Martyrs,* and *i nudi,* Krause's photographs confront basic emotional issues common to all humanity.

George Krause is a professor of fine arts at the University of Houston and has had fifty one-person exhibitions at galleries and museums. He has received numerous awards for his work, including fellowships from the National Endowment for the Arts, the American Academy in Rome, The John Simon Guggenheim Memorial Foundation, and the Fulbright-Hays Foundation.

The exhibition is organized by the Museum of Fine Arts, Houston, and curated by Anne W. Tucker, the museum's curator of photography. The exhibition is accompanied by a book of Krause's work published by Rice University Press, which includes 100 duotone reproductions and an essay by Anne Tucker.

GEORGE KRAUSE: TEMAS UNIVERSALES

Esta exposición es la primera retrospectiva que analiza la carrera de George Krause, fotógrafo reconocido y galardonado a nivel internacional. La misma abarca más de 150 fotografías, tomadas a lo largo de tres décadas, que analizan temas universales tales como la vida, la muerte, la religión y la sexualidad. Las fotografías de Krause, organizadas en cuatro series distintas: *The Street, Qui Riposa, Saints and Martyrs* e *i nudi,* abordan temas espirituales básicos que son comunes a toda la humanidad.

George Krause es un profesor de bellas artes en la Universidad de Houston y ha tenido cincuenta y una exposiciones individuales en galerías y museos. Se ha hecho acreedor de cuantiosos premios por su labor, incluyendo becas otorgadas por la Fundación Nacional de las Artes, la Academia Americana de Roma, la Fundación John Simon Guggenheim y la Fundación Fulbright-Hays.

La exposición está organizada por el Museo de Bellas Artes de Houston y a cargo de Anne W. Tucker, especialista en fotografía del museo. Acompaña a esta exposición un libro con el trabajo de Krause publicado por Rice University Press, que incluye 100 reproducciones de dos tonos y un ensayo escrito por Anne Tucker.

NANCY BURSON: FACES

Nancy Burson is an artist whose boundless imagination is equaled only by her determination. To answer her many "what if" questions, she has encouraged and collaborated with professionals from a variety of disciplines, from computer scientists to health-care professionals.

Since its invention, photography has proved to be a great vehicle for bringing yet unseen frontiers into our experience. In the nineteenth century, that frontier was immense: far-away places, the ravages of war, realistic portraits. Everything was photographed, from the pyramids in Egypt to a smiling hippopotamus. In this century, we have become increasingly jaded as the number of new frontiers has declined. Burson's photographs allow us to experience that sense of wonder and awe that we felt while seeing the first photographs of man walking on the moon.

This exhibition includes composite photographic portraits that Burson has created since the early 1980s and *The Age Machine*. Her portraits explore a broad spectrum of social and political themes ranging from evolution, demography, politics, and stereotypes of beauty, to aging and the problem of missing persons. Included are silver gelatin prints, large-format Polaroids, photo-lithographs on silk, and holograms. *The Age Machine* is an interactive computer that takes viewers into the future and allows them to see how they will age.

Lynn M. Herbert
Curator

NANCY BURSON: CARAS

Nancy Burson es una artista cuya imaginación únicamente se equipara con su resolución. Para contestar a las tantas preguntas hipotéticas que tiene, ha alentado y colaborado con profesionales de diversas disciplinas que abarcan desde especialistas en computación hasta facultativos en el campo de la atención médica.

Desde su invención, la fotografía ha probado ser un medio fantástico para añadir a nuestras experiencias aquellas fronteras que todavía no han sido vistas. En el siglo XIX, esa frontera fue inmensa: lugares lejanos, los estragos de la guerra, los retratos realistas. Se fotografió todo, desde las pirámides de Egipto hasta los hipopótamos sonrientes. En este siglo, cada vez estamos más hastiados dado que el número de fronteras nuevas está declinando. Las fotografías de Burson nos sirven para experimentar esa sensación de curiosidad y temor que sentimos cuando vimos las primeras fotografías del hombre caminando en la luna.

Esta exposición incluye los retratos fotográficos compuestos que Burson ha creado desde los primeros años de la década del 80 y *The Age Machine* [La máquina de la edad]. Sus retratos exploran un amplio espectro de temas sociales y políticos que van de la evolución, la demografía, la política y los estereotipos de belleza a la vejez y el problema de las personas desaparecidas. La misma consta de positivas impresos en gelatina de plata, Polaroids con un formato grande, fotolitografías sobre seda y olografías. *The Age Machine* es una computadora interactiva que transporta a los observadores al futuro y les permite ver cómo van a envejecer.

Lynn M. Herbert
Curadora

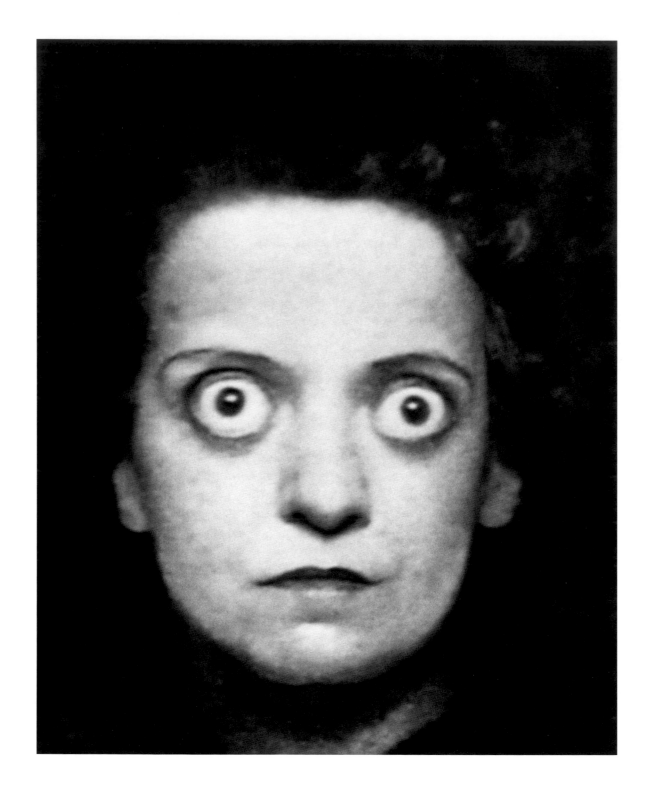

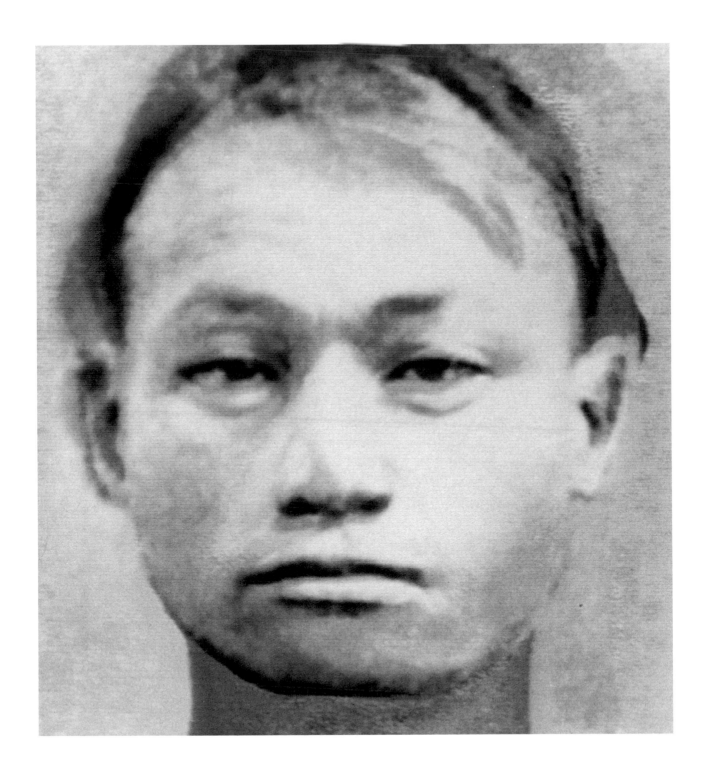

TSENG KWONG CHI: THE EXPEDITIONARY WORKS

Tseng Kwong Chi: The Expeditionary Works, an exhibition with accompanying *catalogue raisonée*, presents the travel series created by this Chinese-American artist between 1979 and 1989. This series represents the primary output of the artist's career, which ended with his death in 1990.

Tseng's photography-based investigation of cultural contrasts indicates his interest in performance art and the subsequent documentation of this ephemeral genre. Dressed in his ubiquitous Mao uniform and ID badge, Tseng identifies the iconography of Western culture through mirrored sunglasses, insistently imposing himself in an encoded landscape. Tourism in *The Expeditionary Works* becomes a metaphor for physical and cultural displacement and the uneasy relationship between personal identity and cultural assimilation. Whether addressing architecture, artifact, or nature, Tseng retains an unerring dignity of presence and a confrontational stance of self-worth within his difference. With respect to his ability to identify these hallmarks of cultural signification, Tseng remains a transient outsider.

An inveterate explorer, Tseng chronicled his extensive travels in the U.S. and abroad using a consistent strategy of self-portraiture in which a subtle wit belies a diversity of cultural intentions and ambiguities. With typological clarity, Tseng addresses the locale of wondrous nature in the same manner that he identifies his textbook of architectural history. This project provides a contribution to the understanding of his vision, as well as the related social issues of mobility and acculturation.

Bill Shackelford
Jean Caslin

This project was supported in part by a grant from the National Endowment for the Arts.

TSENG KWONG CHI: LAS OBRAS EXPEDICIONARIAS

Tseng Kwong Chi: The Expeditionary Works [Las obras expedicionarias], una exposición acompañada por un *catalogue raisonée*, presenta la serie de viajes creada por este artista norteamericano de origen chino, entre los años 1979 y 1989. Esta serie representa el producto primario de la carrera del artista, que finalizó cuando falleció en 1990.

Por medio de sus fotografías, Tseng realizó una investigación de los contrastes culturales, que demuestra su interés por las artes del espectáculo y la consiguiente documentación de este género efímero. Vestido en su ubicuo uniforme de estilo Mao y con su placa de identidad, Tseng representa la iconografía de la cultura occidental a través de unos anteojos de sol espejados, obstinadamente situándose a sí mismo en un paisaje codificado. En *The Expeditionary Works*, el turismo se convierte en una metáfora del desplazamiento físico y cultural y la relación perturbadora entre la identidad personal y la asimilación cultural. Ya sea al abordar la arquitectura, un artefacto o la naturaleza, Tseng conserva una certera presencia digna y una postura de enfrentamiento con su propio mérito dentro de su diferencia. Con respecto a su capacidad de identificar estos aspectos fundamentales de la importancia cultural, Tseng siguió siendo un extranjero temporero.

Tseng, un explorador empedernido, trazó una crónica de sus vastos viajes por Estados Unidos y el exterior utilizando una estrategia constante de autorretratos en los que una agudeza sutil contradice una diversidad de intenciones y ambigüedades de índole cultural. Con una claridad tipológica, Tseng aborda la situación de la naturaleza prodigiosa de la misma manera que identifica su libro de historia de la arquitectura. Este proyecto representa una contribución a la comprensión de su visión, así como de los temas sociales de movilidad y asimilación cultural.

Bill Shackelford
Jean Caslin

Este proyecto contó con el apoyo parcial de un subsidio otorgado por la Fundación Nacional de las Artes, un organismo federal.

The Argentine Mission of the *Médecins du Monde* was an independent project I undertook in 1989 because I believed it necessary to record both the generosity of the medical team and the living conditions of a significant portion of the population of Buenos Aires. My intention in putting together this selection of photos, in which the human aspect—faces, gazes, and expressions of anonymous characters—predominates is to present an alternative vision, to create the possibility of a different way of seeing.

Argentines Living and Working in Unfavorable Zones is an examination of marginal Argentines. By "unfavorable" I refer to areas that, for geographic, climatic, and historical reasons, have become peripheral. Characterized by their inaccessibility, these zones lack health and sanitation structures, communication networks, and other lifelines. The lives of the inhabitants of the Champaquí mountain and the Pampa de Achala interest me for several reasons, not the least of which is that their existence is nearly unknown in our country. This region, like those of Ambato, Aconquija, and Famatina are redoubts of isolationism in the world of communications, autonomous cultures in an environment in which traditional uses and habits are preserved.

Cristina Fraire

Adolescent Mothers. Every year in Argentina, some 50,000 to 70,000 adolescents become pregnant, and the number is increasing. Some of these girls are 12 years old, although a few are 18. These photographs were taken in the adolescent mothers home, Nuestra Señora del Valle, which is funded by the Comisión Nacional de Politicas Familiares y de Planificación. Living here are some thirty or forty unmarried young girls, pregnant or with children, who have no family to take care of them. Most come from poor families. They receive a primary education and training in practical skills. To come and go, they must have special permission. On Thursdays and Sundays they are allowed to receive visitors and phone calls from their children's fathers.

In Buenos Aires about 2000 adolescents live in homes like this one.

Adriana Lestido

La misión argentina de 'Médecins du Monde' fue un proyecto independiente que emprendí en 1989 porque lo consideré necesario para registrar tanto la generosidad del equipo médico como las condiciones de vida de una parte importante de la población de Buenos Aires. Al reunir esta selección de fotos, en la que predomina el aspecto humano—caras, miradas y expresiones de personajes anónimos—mi intención es presentar una visión alternativa, crear la posibilidad de un manera distinta de ver.

Los argentinos que viven y trabajan en zonas desfavorables es un análisis de los argentinos marginados. Con la palabra "desfavorable" me refiero a aquellas zonas que, por motivos geográficos, climáticos e históricos, se han convertido en periféricas. Caracterizadas por su inaccesibilidad, estas zonas carecen de estructuras médicas y sanitarias, redes de comunicación y otros recursos vitales. Las vidas de los habitantes de la montaña Champaquí y la Pampa de Achala me interesan por varias razones, ninguna de las cuales es que su existencia es casi desconocida en nuestro país. Esta región, al igual que aquellas de Ambato, Aconquija y Famatina son reductos de aislacionismo en el mundo de las comunicaciones, culturas autónomas en un ámbito en el que se conservan los usos y costumbres tradicionales.

Cristina Fraire

Madres adolescentes. En Argentina todos los años, alrededor de 50.000 a 70.000 adolescentes quedan embarazadas y el número sigue aumentando. Algunas de estas niñas tienen 12 años de edad, aunque unas pocas son de 18. Estas fotografías fueron tomadas en el hogar para madres adolescentes, Nuestra Señora del Valle, que está respaldado financieramente por la Comisión Nacional de Políticas Familiares y de Planificación. En este lugar viven alrededor de treinta o cuarenta jóvenes solteras, embarazadas o con niños, que no tienen familia alguna que se haga cargo de ellas. La mayoría proviene de familias pobres. Ellas reciben una educación primaria y adiestramiento en habilidades prácticas. Para movilizarse tienen que tener un permiso especial. Los días jueves y domingos pueden recibir visitas y llamadas telefónicas de los padres de sus niños.

En Buenos Aires alrededor de 2.000 adolescentes viven en hogares como éste.

Adriana Lestido

ADRIANA LESTIDO

Madres adolescentes

CONTEMPORARY MEXICAN PHOTOGRAPHY

The Museum of Fine Arts, Houston, has acquired a major collection of 125 photographs by thirty-eight contemporary Mexican photographers. The museum now owns the largest collection of contemporary Mexican photography in the United States.

"The works in this collection reflect the richness and diversity in Mexican photography," said Peter Marzio, director of the Museum of Fine Arts, Houston. "This acquisition also furthers our commitment at the museum to broaden our collection of Hispanic art."

The collection features predominantly black-and-white works made after 1945 by three generations of Mexican photographers.

The artists range from Manuel Alvarez Bravo, born in 1902, an internationally acknowledged master of twentieth-century photography, to dynamic younger photographers such as Flor Garduño, born in 1957. Other established artists represented in the collection include Héctor García, considered the "father" of Mexican photojournalism; Nacho López; Mariana Yampolsky; Pedro Meyer; Graciela Iturbide; and Victor Flores Olea, who is currently the General Director of the National Council of Culture and Arts in the Mexican government.

The Mexican photography collection was purchased with funds provided by numerous public, corporate and private donors, including the Wortham Foundation, The Brown Foundation, Inc., The Frees Foundation, and the Comite Patriotico Mexicano (through the Mexican Consulate of Houston). Vinson and Elkins provided patron-level museum memberships for all new donors to the project.

The majority of funds for the acquisition were raised from individuals in Houston's Hispanic community. Proceeds from the sale will benefit the nonprofit photography support organization, the Consejo Mexicano de Fotografía of Mexico City. The museum is planning a tour of the collection to other museums in Texas.

FOTOGRAFÍA MEXICANA CONTEMPORÁNEA

El Museo de Bellas Artes de Houston adquirió una colección importante de 125 fotografías de 38 fotógrafos mexicanos contemporáneos, poseyendo con eso, la colección más grande de fotografías mexicanas contemporáneas de Estados Unidos.

"Los trabajos de esta colección reflejan la riqueza y la diversidad de la fotografía mexicana," declaró Peter Marzio, director del Museo de Bellas Artes de Houston. "Esta adquisición también acrecenta el cometido que todos tenemos en ampliar nuestra colección de arte hispano."

En la colección predominan los trabajos en blanco y negro realizados después de 1945 por tres generaciones de fotógrafos mexicanos. Entre los artistas se encuentra Manuel Alvarez Bravo, un maestro de la fotografía del siglo XX, nacido en 1902, y de renombre internacional, así como fotógrafos más jóvenes y dinámicos como Flor Garduño, quién nació en 1957. Otros artistas conocidos que están representados en la colección incluyen Héctor García, considerado el "padre" del periodismo fotográfico mexicano, Nacho López, Mariana Yampolsky, Pedro Meyer, Graciela Iturbide y Víctor Flores Olea, quien es el actual director general del Consejo Nacional de Cultura y Artes de México.

Esta colección de fotografías mexicanas se compró con fondos provistos por numerosos donantes públicos, empresariales y privados, incluso la Fundación Wortham, The Brown Foundation, Inc., la Fundación Frees y el Comité Patriótico Mexicano (por intermedio del Consulado Mexicano en Houston). Vinson & Elkins proporcionaró afiliaciones al museo con carácter de benefactores para todos los donantes nuevos del proyecto.

La mayoría de los fondos para la adquisición fueron recaudados entre personas de la comunidad hispana de Houston. Las utilidades de la venta se utilizarán en beneficio del Consejo Mexicano de Fotografía de México, D.F., una organización no lucrativa que desarrolla actividades de apoyo a la fotografía. El museo tiene planes para realizar una gira con la colección por otros museos de Texas.

BELIZE AND HAITI: PHOTOGRAPHS BY EARLIE HUDNALL

In his travels over the past eight years in Belize and Haiti, Earlie Hudnall has documented the African presence in the Americas. His work is a contemporary record of the existence of the African diaspora in the Western hemisphere. With the sensitive vision that characterizes Hudnall's photographs of the Third– and Fourth–Ward black communities of Houston, the artist focuses on the mood and spirit of the people of these countries and their cultural practices.

Hudnall's work is distinguished by a perceptive eye that captures the beauty of the human spirit and by a formal and eloquent balance of lights and darks in his photographic imagery. This evocative *chiaroscuro* underscores the poignancy of the photographer's selected subject matter. The photographs of Earlie Hudnall project a psychological accessibility that, in this documentation of Belize and Haiti, allows the viewers to experience their culture with a rich immediacy. This exhibition is curated by Alvia J. Wardlaw in conjunction with Benteler-Morgan Galleries.

BELICE Y HAITÍ • EARLIE HUDNALL

En sus andanzas por Belice y Haití, durante los últimos ocho años, Earlie Hudnall ha documentado la presencia africana en las Américas. Sus obras son un registro contemporáneo de la existencia de la diáspora africana en el hemisferio occidental. Con la misma visión sensible que caracteriza sus fotografías de la comunidad negra en el Tercer y Cuarto Distrito de Houston, Hudnall enfoca el temperamento y el espíritu de los habitantes de estos países y de sus modalidades culturales.

El trabajo de Hudnall se distingue por su ojo perspicaz que capta la belleza del espíritu humano y por un equilibrio formal y elocuente de luz y oscuridad en sus imágenes fotográficas. Este claroscuro evocador subraya el patetismo del tema seleccionado por el fotógrafo. Las fotografías de Earlie Hudnall proyectan una accesibilidad psicológica que, en esta documentación de Belice y Haití, permite al espectador sentir la cultura de cerca. Esta exhibición es preparada y presentada por Alvia J. Wardlaw junto con Benteler-Morgan Galleries.

JIM STONE: ALBANIA

For the past ten years I have been photographing on the road, using a 4x5 view camera and Polaroid Type 55 positive/negative film. The camera and its attendant accessories are a cumbersome pack. In my pictures I try to overcome and mask the painstaking nature of large–format photography to make photographs that step lightly.

My photography is like John McPhee's writing—a kind of personalized non-fiction. I don't think much about art when I work; I think about the subject and about how to make the best picture. Working is for me a way of learning about my surroundings, and if I follow my curiosity, I know I will either learn about something, or I will learn about something and make a picture. I never come back empty-handed.

In my current work, I am trying to resolve questions about the nature of irony in observations of another culture. I have been drawn to photograph in countries undergoing internal trauma although I am not interested in making images of conflict. Rather, I am curious about the manner in which daily life manages to ignore large, difficult issues for the sake of survival and even pleasure.

Jim Stone

Jim Stone first studied photography with Minor White when he was an engineering student at Massachusetts Institute of Technology. He graduated with a bachelor's degree in architecture and subsequently earned an M.F.A. in photography at the Rhode Island School of Design where he studied with Harry Callahan and Aaron Siskind.

Since 1975, Stone's work has been featured in more than forty solo exhibitions in this country and in Europe. He has received awards from the National Endowment for the Arts and the Arts Foundation in Massachusetts and has been Artist in Residence for the Alaska State Council for the Arts, Arizona Western College, Light Work, and the Visual Studies Workshop.

Stone taught photography in New England from 1970 until 1989 and is currently editor of *Photo Education*, a magazine published by Polaroid.

Peter Brown

JIM STONE: ALBANIA

A lo largo de los últimos diez años he ido otografiando mientras viajo, utilizando una cámara tipo Polaroid 55 para película positiva/negativa. La cámara y sus accesorios constituyen un conjunto incómodo. En mis fotografías trato de superar y enmascarar el carácter esmerado de la fotografía con un formato grande para realizar fotos que tienen pasos menos marcados.

Mi técnica fotográfica se parece a la escritura de John McPhee: una especie de literatura no ficticia personalizada. Cuando trabajo no pienso mucho en la faz artística; pienso en el objeto y en cómo lograr la mejor fotografía posible. Para mí trabajar es una forma de aprender acerca de lo que me rodea y si me dejo llevar por mi curiosidad, sé que voy a aprender algo, o bien que aprenderé algo y sacaré una fotografía.

Nunca vuelvo con las manos vacías.

En mi trabajo actual, me siento atraído a tomar fotografías en países que padecen algún trauma interno, aunque no estoy interesado en producir imágenes de conflicto. En cambio, siento curiosidad con respecto a la manera en que la vida cotidiana se las ingenia para no prestar atención a los grandes problemas difíciles en pos de la supervivencia y hasta del placer.

Jim Stone

Jim Stone cursó sus primeros estudios de fotografía con Minor White cuando era un estudiante de ingeniería en el Massachusetts Institute of Technology. Se recibió con un diploma universitario en arquitectura y después obtuvo el título de M.F.A. en fotografía en la Rhode Island School of Design, donde estudió con Harry Callahan y Aaron Siskind.

Desde 1975, se ha presentado el trabajo de Stone en más de 40 exposiciones unipersonales en este país y en Europa. Ha recibido premios de la Fundación Nacional de las Artes y de la Fundación de Artes de Massachusetts y ha sido Artista Residente del Consejo Estatal de Artes de Alaska, el Western College de Arizona, Light Work y el Taller de Estudios Visuales.

Desde 1970 a 1989, Stone enseñó fotografía en la Nueva Inglaterra y actualmente se desempeña como redactor de *Photo Education*, una revista publicada por Polaroid.

Peter Brown

WOLS

WOLS—the name signifies a revolution in modern art. Otto Wolfgang Schulze began working under this name in 1937 at the age of twenty-four. He had already achieved some success as a photographer—his work was associated with the progressive ideas of Léger, and in 1937 he had a solo exhibition at the Galerie de la Pléiade in Paris, the place for photography of the day.

Although his style is unique, WOLS clearly appropriated the themes and techniques of the leading photographers of his day. His work was a dialogue with Man Ray and Moholy-Nagy, with Kertész and Brassaï, with Hoyningen-Huene and Platt-Lynes. But the dialogue was one-sided: the others were, after all, in the spotlight, were acknowledged specialists and professionals, and they were much older than this talented upstart from Dresden.

The scope and thematic diversity of WOLS's photography may be understood as his effort to find the form of expression that suited him best. First adopting the perspective of those around him, he ultimately disarmed this view of its certainty and ostensible objectivity; turning away from his "mentors" was not only the expression of the artist of a different generation. As we look at his work today, we see in it the hidden artist's notable shift: collective utopias are gone, the activist recedes, belief in progress crumbles. The turn to the banal is obvious. The world—in particular the world of the alienated modern artist—is disclosed with both attentiveness and powerless participation in the course of things.

WOLS

WOLS: el nombre representa una revolución en el arte moderno. Otto Wolfgang Schulze comenzó a trabajar con ese nombre en 1937 cuando tenía 24 años de edad. Ya había logrado cierto éxito como fotógrafo: su trabajo se asociaba con las ideas progresistas de Léger, y en 1937, tuvo una exposición unipersonal en la Galerie de la Pléiade de París, el lugar para la fotografía de aquel entonces.

Aunque su estilo es original, es evidente que WOLS utilizó los temas y las técnicas de los fotógrafos principales de su época. Su trabajo era un diálogo con Man Ray y Moholy-Nagy, con Kertész y Brassaï, con Hoyningen-Huene y Platt-Lynes. Pero el diálogo era unilateral: después de todo, los demás eran famosos personajes reconocidos como especialistas y profesionales y mucho mayores que este principiante con talento que venía de Dresden.

El alcance y la diversidad temática de la fotografía de WOLS pueden interpretarse como su esfuerzo para encontrar la forma de expresión que más se adapta a su personalidad. Después de adoptar la perspectiva de aquellos que lo rodeaban, finalmente se desanimó con esta visión de su seguridad y objetividad aparente y se alejó de sus "mentores," lo cual fue sólo la expresión del artista de una generación diferente. Al observar su labor actual, podemos ver el cambio notable del artista escondido: ya no existen las utopías colectivas, el activista retrocede, la confianza en el progreso se desmorona. El cambio hacia lo banal es obvio. El mundo, especialmente el mundo del artista moderno alienado, sale a la luz con atención y una participación impotente en el transcurso de los acontecimientos.

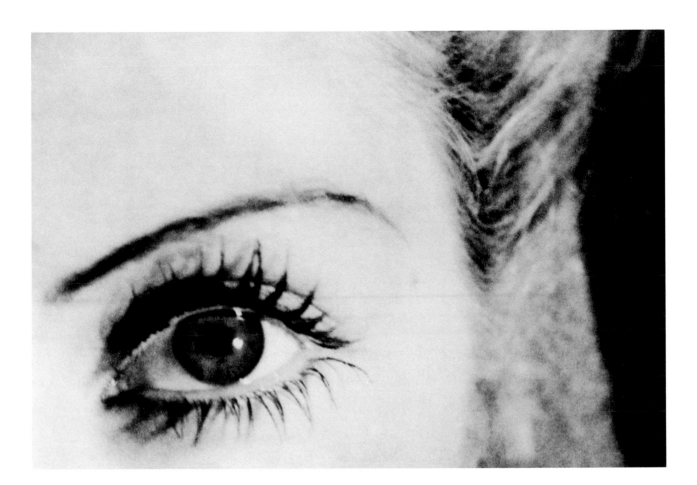

JNO COOK AND BEN DESOTO

Houston artist Ben DeSoto presents three distinct but related bodies of work that document the disenfranchised and the poor. He has photographed the homeless, the effects of poverty, runaways, and children with AIDS. DeSoto has observed the plight of people in Boston, New York, Mexico City, and Houston. He has befriended several street people and they have allowed him to document their daily lives, creating powerful yet poetic portraits that give us haunting glimpses into the personal lives of these individuals.

Chicago artist Jno Cook radically alters ordinary cameras, using cookie tins, clamp lights, and other everyday elements, and then uses these "new" cameras to take photographs. Transformed into witty, irreverent objects, Cook's cameras challenge conventional notions about the very nature of photography, technique, and photography's basis in pure documentation.

The installation of three components of *Elements of Progress—Cross, Sleep/Train, and Hope*, by San Antonio sculptor Ken Little is also being exhibited.

JNO COOK Y BEN DESOTO

Ben DeSoto, un artista de Houston, presenta tres series de obras distintas aunque relacionadas que documentan a los marginados y los pobres. Ha fotografiado a los desamparados que no tienen hogares, los efectos de la pobreza, los adolescentes que huyen del hogar familiar y los niños con SIDA. DeSoto ha observado las situaciones apremiantes de gente de Boston, Nueva York, la Ciudad de México, y Houston. Se ha ganado la amistad de varias personas de la calle quienes le han permitido documentar sus vidas cotidianas, creando así retratos crudos aunque poéticos que nos proporcionan una visión fugaz pero perturbadora de las existencias personales de estos individuos.

Jno Cook, un artista de Chicago, modifica radicalmente las cámaras comunes, utilizando latas de galletas, lámparas con abrazaderas y otros elementos cotidianos para luego emplear esas cámaras "nuevas" para tomar fotografías. Las cámaras de Cook, transformadas en objetos ocurrentes e irreverentes desafían a las nociones convencionales sobre la naturaleza misma de la fotografía, técnica y el fundamento fotográfico de documentación pura.

También forma parte de esta exposición la instalación de tres componentes de *Elements of Progress—Cross, Sleep/Train and Hope*, de Ken Little, un escultor de San Antonio.

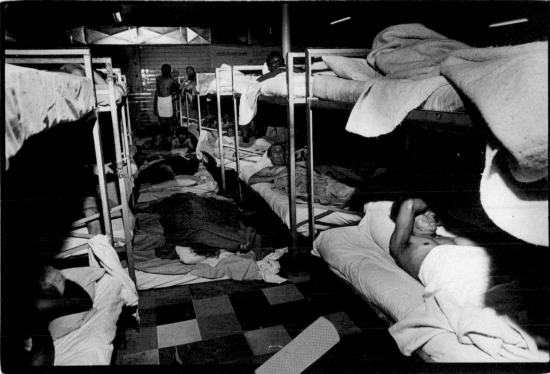

United Way funds about a quarter of the budget for the men's shelter, Johnson said. It will take an additional $250,000 to provide adequate staffing, he said.

Few people volunteer to work at the men's shelter, he explained.

Earlier this week, he spoke to 60 high school students about the problem.

"Not one of those high school students would volunteer," he said. "And likewise, (in) our community at large, you don't find men who are willing to go down there.

The alternative to the men's shelter for Houston's long-term transients is complete, out-in-the-street homelessness, Johnson said.

If the men were turned out of the mission, he said, "the crime in our community would skyrocket."

"If your goal is to give them a bed and throw them back on the street in the day, fine. But when those people go back for the next night, they're still angry."

WOULD you volunteer? WILL you volunteer?

STAR OF HOPE

Emergency Shelter

Houston / 83

DEBRA RUEB: SELF-DISCOVERY OF WOMEN

Women are the nurturing and life-giving force on this planet, and these photographs capture this spirit. They search for the power and energy of women and represent a guiding vision to lead and help define a collective experience.

The celebration and discovery of woman includes the partnership and sharing with man. These photographs focus on relationships and how they specifically reveal the female identity. Recording the energy, creativity, power, and inertia of women encompasses their everyday and their extraordinary experiences.

The search for discovery is an examination of feelings. These photos show the power and fragility of women. To be sensitive and vulnerable yet strong and capable seems to be required of today's women.

Debra Rueb

DEBRA RUEB: EL AUTODESCUBRIMIENTO DE LAS MUJERES

Las mujeres son el poder vivificante y nutritivo de este planeta, y estas fotografías captan ese espíritu. Tratan de encontrar el poder y la energía de las mujeres y representan una visión guiadora para tratar de encaminar y definir una experiencia colectiva.

La celebración y el descubrimiento de la mujer incluye su asociación con el hombre. Estas fotografías enfocan esas relaciones y cómo éstas específicamente revelan la identidad femenina. El registro de la energía, creatividad, fuerza e inercia de las mujeres abarca sus experiencias cotidianas y extraordinarias.

Ese descubrimiento conduce al examen de los sentimientos. Estas fotos muestran la fuerza y la fragilidad de las mujeres. Parece que de la mujer de hoy en día se exige que sea sensible y vulnerable y al mismo tiempo fuerte y capaz.

Debra Rueb

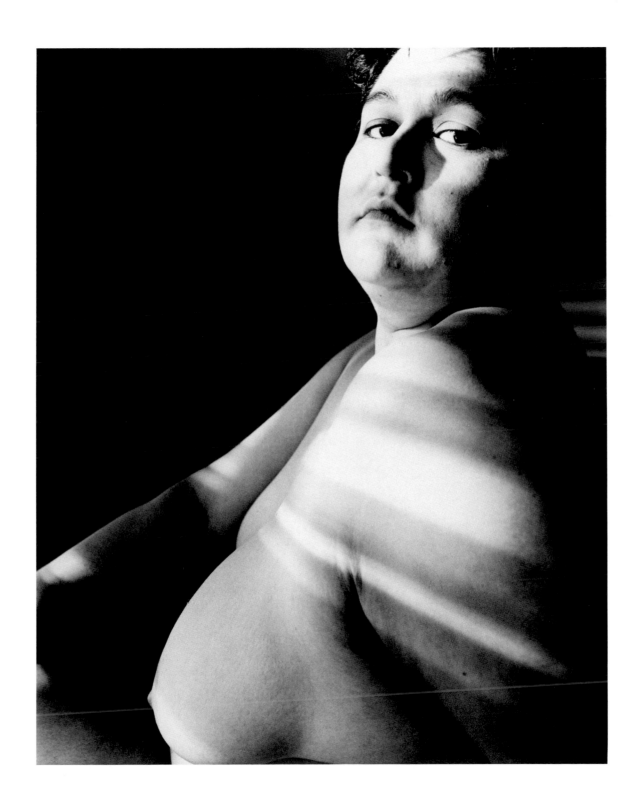

PARALLEL WORLDS

Parallel Worlds is a show by three Peruvian photographers currently living in the United States: Fernando Castro, Fernando La Rosa, and Philipp Scholz-Rittermann. Their work reflects their need as individuals to adapt to a new homeland and their boldness as artists to be different—both seemingly contradictory acts of survival and sanity. Their adoption of the diptych format indicates a certain ambivalence, even schizophrenia, in their experience as voluntary exiles. But what does a second ancillary, though separate, image do that a single image cannot?

The work of Fernando Castro plays with the idea that adjacent portions of our visual field may give rise to images exemplifying different aesthetic or photographic traditions. The disintegrating country subtly depicted by his images echo the poetry of the Peruvian 1920s' avant-garde poets whose surrealistic fragmentation of the familiar world rendered it more truthful. As two images are synthesized into one, he makes the viewer aware of the mixture of magic and reality, beauty and barrenness, which has inspired much contemporary Latin American literature.

Fernando La Rosa explores the concept of *disparitas* (uneven pairs which confront each other). These coupled images arise from his reflection of importing an image from his South American experience to a context of reception foreign to it, his adoptive homeland. In his quest to reconcile two parts of his current artistic personality, he entices us into cracking cultural barriers and to wander toward mysteriously parallel landscapes where "these images were the same thoughts or sensations, only photographed from a different point in time."

The more analytical work of Philipp Scholz-Rittermann dissolves the dilemma of denouncing environmental damage with beautiful images or using repulsive images to achieve moral outrage, by steering a very personal course in which the visually interesting image is never sacrificed. His opposition of images focuses our attention on the critical juncture where the healthy landscape is affected by humankind's intervention. Scholz-Rittermann's current vision is an heroic attempt to formulate an aesthetic appropriate for both the end and the continuation of landscape photography.

MUNDOS PARALELOS

Mundos paralelos es una exhibición de tres fotógrafos peruanos que actualmente viven en Estados Unidos: Fernando Castro, Fernando La Rosa y Philipp Scholz-Rittermann. Sus obras reflejan su necesidad como individuos de adaptarse a su país adoptivo y su osadía como artistas de ser diferentes—actos de supervivencia y cordura contradictorios sólo en apariencia. Su adopción del díptico como formato de presentación sugiere una cierta ambivalencia, incluso esquizofrenia, en su experiencia de exiliados. Pero ¿qué hace una segunda imagen que no puede hacer una sola imagen?

El trabajo de Fernando Castro juega con la idea que de porciones adyacentes del campo visual pueden surgir imágenes correspondientes a estéticas o tradiciones disímiles. El resquebrajado país que sutilmente describen sus imágenes hacen eco de la poesía vanguardista peruana de los veinte cuya surrealista fragmentación del mundo cotidiano alcanzó inusitada veracidad. Su síntesis de dos imágenes en una pone el espectador al tanto de esa mezcla de magia y realidad, belleza y devastación, que ha inspirado a mucha de la literatura latinoamericana contemporánea.

Fernando La Rosa explora el concepto de *disparitas*, esto es, pares desiguales que se enfrentan. Su apareamiento de imágenes surge de una reflexión sobre la importación de una imagen de su experiencia sudamericana a un contexto de recepción que le es extraña: su país adoptivo. En su búsqueda de reconciliar las dos porciones de su personalidad artística nos invita a romper las barreras culturales y nos lleva a parajes misteriosamente paralelos donde "estas imágenes son los mismos pensamientos o sensaciones sólo que fotografiados en diferentes momentos."

El trabajo más analítico de Philipp Scholz-Rittermann disuelve el dilema de denunciar el daño ambiental con bellas imágenes vs. usar imágenes repulsivas para lograr desaprobación moral, optando por un sendero donde la imagen nunca deja de ser intrínsecamente interesante. Su oposición de imagen contra imagen concentra nuestra atención en la unión crítica donde el paisaje saludable es afectado por la intervención humana. La visión actual de Scholz-Rittermann es un heroico intento de formular una estética apropiada tanto al fin como a la continuidad de la fotografía paisajista.

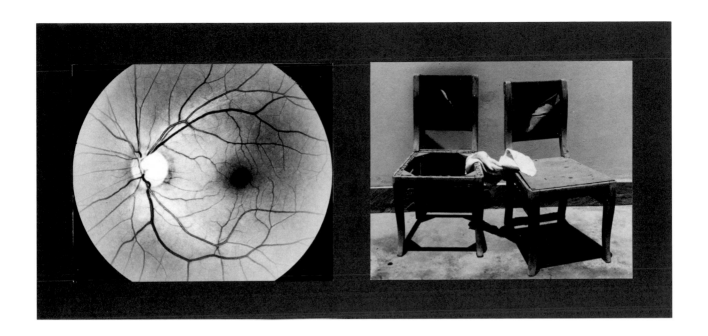

THE ESSENCE OF MEXICO • GEORGE O. JACKSON, JR.

George O. Jackson, Jr. has worked for two years on *The Essence of Mexico*, a photographic presentation of the ephemeral art created to support the traditional festivals of the Mexican people. He has, so far, photographed more than twenty-five festivals celebrated by people of sixteen indigenous cultures.

Jackson, whose mother is Mexican, has spent his life exploring Mexico. He has long been fascinated by the richness and texture of Mexican festivals, particularly the people's genius in making beautiful, significant art from simple and readily available materials.

Usually consisting of cut-paper objects, wax candles, designs drawn with colored sawdust, mud, pigments, flowers, fruit, pastry sculptures, fireworks, and other colorful expressions, this art elaborates the themes on which the festivals are based. Because it is temporary and not regarded as art in the purest sense, ephemeral art has not been well documented by popular artists or cultural researchers, even though it is crucial in providing the proper setting for the enactment of traditional rituals. These rituals, by furnishing the context in which the celebrants create elaborate ceremonies, reinforce the social life of the community while defining its structure. In many cases the participants' prestige in the community hierarchy is determined by their contributions to the festival.

Jackson's photographs concentrate on the collaboration that produces these ephemeral art objects as well as the rich visual aesthetic of the objects themselves. His project was developed under the auspices of the Essence Foundation for Photography and Mexico's Instituto Nacional Indegenista. It is also sanctioned by the Consejo Nacional Para la Cultura y Las Artes. Jackson plans to continue his work in this fascinating area for at least two more years.

Fariseos, Viernes Santo •Pinotepa de Don Luis, Oaxaca • Easter, 1991

INDIA ALONG THE GANGES: PHOTOGRAPHS BY RAGHUBIR SINGH

India along the Ganges: Photographs by Raghubir Singh, an exhibition of seventy-one color photographs, depicts life along India's most sacred river.

Raghubir Singh is an internationally known photographer whose work has been published and exhibited extensively. Born in India in 1942, he has photographed there exclusively since 1966.

"Raghubir Singh's photographs are acutely responsive to the people and geography of India and transmit to viewers important aspects of Indian culture," says Milo C. Beach, curator of the exhibition and director of the Arthur M. Sackler Gallery, a museum of Asian art at the Smithsonian Institution.

The photographs in this particular exhibition were taken during the past twenty-two years. One of Singh's strengths is his ability to cross immense social territories with ease, capturing with a dispassionate eye astonishingly candid portraits of the street dwellers of Calcutta as well as the heirs of India's rajas living in deteriorating splendor in mansions erected during the heyday of British colonialism. Shoppers at the marketplaces, pilgrims visiting holy sites, street performers, holy men lost in worship, celebrants with images of the goddess Kali, and mourners at funeral ceremonies on the banks of the Ganges—all are images of life in twentieth–century India that evoke the timeless nature of its ancient culture.

The show is the focus of Indian cultural events including dance, music, and a lecture by photographer Raghubir Singh. The exhibition will travel through May 1992 under the auspices of the Smithsonian Institution Traveling Exhibition Service to the Center for Creative Photography, Tucson, Arizona; Georgia Southern University Museum, Statesboro; Ottumwa Area Arts Council, Iowa; Headley-Whitney Museum, Lexington, Kentucky; Dallas Museum of Art, Texas; Sewall Art Gallery, Houston, Texas; and Vancouver Museum, British Columbia.

INDIA A LO LARGO DEL GANGES: FOTOGRAFÍAS DE RAGHUBIR SINGH

India a lo largo del Ganges: Fotografías de Raghubir Singh, una exposición de 71 fotografías a color, muestra la vida a lo largo del río más sagrado de la India.

Raghubir Singh es un fotógrafo de renombre internacional cuyo trabajo se ha publicado y exhibido ampliamente. Nació en la India en 1942, y ha tomado fotografías exlusivamente en ese país desde 1966.

"Las fotografías de Raghubir Singh responden sagazmente a la gente y a la geografía de la India y transmiten a sus observadores importantes aspectos de la cultura hindú," afirma Milo C. Beach, especialista a cargo de la exposición y director de la Galería Arthur M. Sackler, un museo de arte asiático del Instituto Smithsoniano.

Las fotografías de esta particular exposición fueron tomadas en los últimos 22 años. Uno de los puntos fuertes de Singh es su capacidad de atravesar inmensos territorios sociales con facilidad, captando de una manera imparcial retratos espontáneos de los moradores de las calles de Calcuta, así como también de los herederos de los rajás de la India, quienes viven en el deteriorado esplendor de las mansiones erigidas durante el apogeo del colonialismo británico. Los compradores que merodean por los mercados, los peregrinos que visitan los lugares santos, los músicos y bailarines que actúan en las calles, los hombres santos que se pierden en sus plegarias, los sacerdotes con imágenes de la diosa Kali y los participantes en un funeral realizado a la vera del Ganges—son todas imágenes de la vida en la India del siglo XX que evocan el carácter eterno de su antigua cultura.

La exhibición se concentra en lo cultural de la India, sus bailes y música, con una ponencia del fotógrafo Raghubir Singh. Hasta el mes de mayo 1992, con los auspicios del Servicio de Exposiciones Ambulantes del Instituto Smithsoniano, se trasladará esta exposición al Centro para la Fotografía Creadora de Tucson, Arizona, al Museo de la Universidad del Sur de Georgia en Statesboro, al Consejo de Artes de la zona de Ottumwa, Iowa, al Museo Headley-Whitney de Lexington, Kentucky, al Museo de Arte de Dallas, Texas, a la Galería de Arte Sewall de Houston, Texas y al Museo de Vancouver en Columbia Británica, Canadá.

Swimmers dive from temples half-submerged in flooded Ganges

FOOTPRINTS OF THE GODS • THE POINT LOBOS SAGA • LUCIEN CLERGUE

Pablo Picasso and Jean Cocteau recognized Lucien Clergue early in his career as one of the most important photographers of France. In fact, Clergue's first work, *Corps memorable*, published in 1957, has a cover designed by Picasso and an introductory poem by Cocteau.

Throughout his career, Clergue has been concerned with the natural order and man's place in it. His art expresses and interprets this interest through the use of symbolism and other signs of life and death found primarily in nature.

Born in 1943 in Arles, France, Clergue had an early life marked with hardship. He lived with his mother after his parents divorced. When she died in 1952, he had already left school and was working to support the two of them. Clergue may have lost his childhood to the Second World War and its aftermath, but perhaps in the process he gained the insight which makes his art so masterful and profound.

While focusing his artistic interests (his mother's hope was that he would become an artist) through the still camera, Clergue met Picasso in 1953 and worked up the courage to show the master his photographs. In 1957, *Corps memorable* was published, and in 1961 Clergue made his American debut as a free-lance photographer invited by Edward Steichen to the Museum of Modern Art in New York. Clergue founded the Rencontres Internationaux de la Photographie in Arles, France, in 1969.

Eastman Kodak Company sponsored a world tour of Clergue's *Footprints of the Gods* to celebrate the twentieth anniversary of Rencontres and to honor Clergue as its founder. The exhibit premiered as the featured exhibit at the Rencontres in Arles France on July 3, 1989.

Clergue has had more than 100 one-man shows around the world. He has thirty-five books to his credit and has also directed fifteen short films and two specials including *Picasso, War, Love and Peace* for Universal Pictures.

HUELLAS DE LOS DIOSES • LA SAGA DE PUNTA LOBOS • LUCIEN CLERGUE

Pablo Picasso y Jean Cocteau reconocieron a Lucien Clergue temprano en su carrera como uno de los fotógrafos más destacados de Francia. De hecho, la primera obra, *Corps Memorable*, publicada en 1957, tiene la cubierta diseñada por Picasso y un poema de introducción por Cocteau.

Durante toda su carrera, a Clergue le ha interesado el orden natural y el hombre dentro de ese orden. Su arte expresa e interpreta este interés por medio del simbolismo y otros signos de la vida y de la muerte encontrados mayormente en la naturaleza.

Nacido en 1943 en Arles, Francia, los primeros años de Clergue fueron difíciles. Después de que se divorciaron sus padres vivió con su madre. Cuando ella se murió en 1952, él ya había terminado el colegio y estaba trabajando, manteniendo a los dos. Clergue posiblemente perdió su juventud a la Segunda Guerra Mundial, pero quizás sus experiencias le dieron otros puntos de vista para hacer su trabajo tan poderoso y profundo.

Mientras usaba la cámara artísticamente (en cumplimiento de la esperanza de su madre de que llegaría a ser artista) Clergue conoció a Picasso en 1953 y le enseñó al gran pintor sus fotografías. En 1957, *Corps Memorable* se publicó, y en 1961 Clergue hizo su debut en América como fotógrafo independiente invitado por Edward Steichen al Museo de Arte Moderno de Nueva York. Clergue fundó el *Rencontres Internationaux de la Photographie* en Arles, Francia en 1969.

Eastman Kodak Company patrocinó una gira mundial de *Huellas de los dioses* de Clergue para celebrar el vigésimo aniversario de *Rencontres* y para honrar a Clergue como la exhibición principal del *Rencontres* en Arles, Francia, el 3 de julio de 1989.

Más de cien exhibiciones exclusivamente de las obras de Clergue se han presentado por todo el mundo. Es autor de 35 libros y ha dirigido 15 películas cortas y dos películas especiales incluyendo *Picasso, guerra, amor y paz* para Universal Pictures.

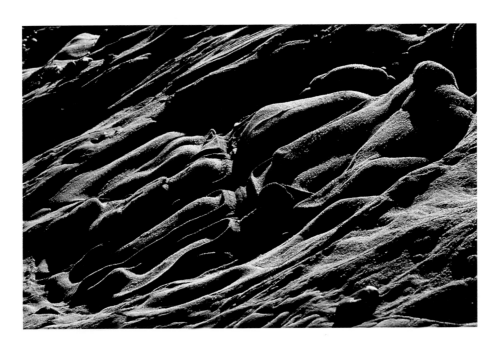

CONSTRUCTED: ARCHITECTURE, IMAGE AND ICON • GEOFFREY BRUNE, SCOTT GARTNER, AND R. LYNN FOSTER

Imagery and building have been combined to express meaning throughout the rise of civilization. Religion, government, war, games, and other rituals have been the subjects of this adoration, taking the form of sculpted walls, painted frescoes, and polychromatic coloring of articulated building parts. Architecture becomes the communicator of culture and its values.

Three contemporary photographers express varied attitudes toward the relationship of architecture and imagery in their work. Geoffrey Brune projects contemporary imagery onto his typologically constructed environments. Architectural form, meaning, and material quality are made ambiguous in his landscapes and collages. Scott Gartner constructs a set of structural relationships among identifiable imagery in his figure ground and three-dimensional pieces. Working within the construct of "structure," the imagery achieves resonant meaning beyond sign. Lynn Foster experiments with constructed icon as evidence of narrative. Social prevalence is given form in these fabricated environments.

Geoffrey Brune
Scott Gartner
R. Lynn Foster

EDIFICIOS: ARQUITECTURA, IMAGEN E ICONO • GEOFFREY BRUNE, SCOTT GARTNER Y R. LYNN FOSTER

A lo largo de la evolución de la civilización, se han combinado las imágenes y la construcción para expresar el significado de lo ocurrido. La religión, el gobierno, las guerras, los juegos y otros ritos fueron los temas de esta adoración que adoptó la forma de paredes esculpidas, pinturas al fresco y colorido policromático de las piezas articuladas para la construcción. La arquitectura se transforma en el elemento de comunicación de una cultura y sus valores.

Tres fotógrafos contemporáneos expresan distintas actitudes hacia la relación de la arquitectura y las imágenes en sus obras. Geoffrey Brune proyecta imágenes contemporáneas en sus ambientes de construcción tipológica. La forma arquitectónica, el significado expresado y la calidad del material se tornan ambiguos en sus paisajes y collages. Scott Gartner construye un conjunto de relaciones estructurales entre imágenes identificables en sus figuras y piezas tridimensionales. Con una elaboración hecha dentro del concepto de "estructura," las imágenes logran un significado que trasciende el símbolo. Lynn Foster experimenta con iconos construidos como prueba de la narración. Se ha dado forma a la prevalencia social en estos ámbitos fabricados.

Geoffrey Brune
Scott Gartner
R. Lynn Foster

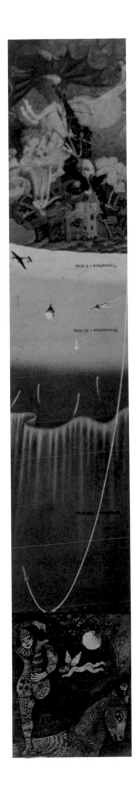

A Five-pointed Circle

Dallas-based Carolyn Brown is concerned with ancient architectural sites in the Middle East. Her black-and-white photographs are about man and earth, structures and culture examined very intimately. This is enhanced by her outstanding sense of space, scale, and texture. Brown's sensitive use of light and dark creates a visual impact that haunts the viewer.

Houstonian John Dyes is greatly concerned about the ecological impact man and his industries have had on the earth during the twentieth century and the profound effect they will have in the next few hundred years if left unchecked. Dyes's black-and-white photos consist of the dead remains of animals, birds, and marine life found along our beaches that were killed by oil spills and other chemicals.

Robert Langham's black-and-white photographs were all taken in a small wooded area somewhere in East Texas. Here Langham has developed an intimate and highly personal relationship with the landscape. The results are spiritually charged photos vibrating with a mystery that beckons the viewer into them.

Marie Evnochides works primarily in color, capturing scenes from her wide and various travels around the world. For this exhibit Evnochides presents a series of photos that explore markets and bazaars from a variety of countries.

Barth Schorre, the brother of Houston artist Charles Schorre, is exhibiting color prints of church interiors in Europe, Mexico, and the United States. Schorre is interested in the interplay of architecture, painting, sculpture, and folk art with the use of available light. Consequently, the works were achieved through very long time exposures. The results are quite spectacular, for there is a timeless spirituality that pervades these photographs and extends back a thousand years to the heyday of Christianity.

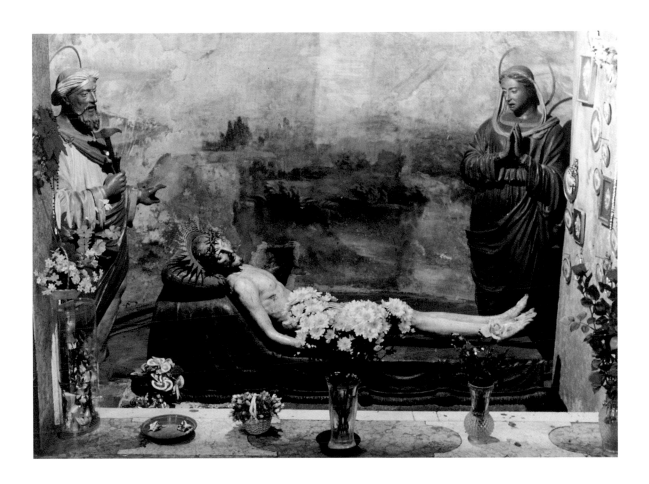

PILGRIMAGE: IMAGES FROM MANZANAR • CHRISTOPHER LANDIS

Photographic representation of the World War II evacuation and internment of Japanese-Americans is distinguished by a vast archive of images. This remarkable collection includes the works of Dorothea Lange, Ansel Adams, Toyo Miyatake, and numerous photojournalists employed by the Farm Security Administration, Associated Press, *Life* magazine, and the War Relocation Authority.

The camp at Manzanar was the first of ten centers in which, collectively, 110,000 men and women were imprisoned. The camp was surrounded by barbed wire, guard towers, and armed sentries. Its prisoners were of Japanese ancestry, mostly American citizens, who became innocent victims of racism and wartime hysteria. Uprooted from their homes and betrayed by their government, they were exiled to desert detention centers.

Today our landscapes are filled with monuments, battlefields, historic parks, and sites that commemorate the great events, achievements, and personages of American history. Manzanar is unique because it reminds us of a time of crisis when the Constitution failed to protect its citizens. In 1972, Manzanar was recognized as a landmark by the State of California. Thirteen years later, in 1985, the National Park Service identified the former camp as a national landmark. After the recent passage of Joint Resolution 543 and introduction of Senate Bill 621, the site may soon become a new historic park.

Beginning in 1988, I began photographing the ruins inside Manzanar's mile-square boundaries. This stretch of arid wilderness concealed a hidden world—ruins of a city raised by the military to confine 10,000 people on the basis of ancestry. The photographs reveal visual traces of an important history that must be remembered. They celebrate the achievements of a community that was able to rise above the social chaos and degrading circumstances imposed by racial tyranny. These pictures are presented with deep respect as a memorial and tribute to the people of Manzanar.

Christopher Landis

PEREGRINAJE: IMÁGENES DE MANZANAR • CHRISTOPHER LANDIS

La representación fotográfica de la evacuación de la Segunda Guerra Mundial y la internación de los norteamericanos de origen japonés se distingue por un vasto archivo de imágenes. Esta extraordinaria colección abarca los trabajos de Dorothea Lange, Ansel Adams, Toyo Miyatake y numerosos cronistas fotográficos empleados por Farm Security Administration, Associated Press, la revista *Life* y la organización War Relocation Authority.

El campo de Manzanar fue el primero de diez centros en los que se encarcelaron colectivamente a 110.000 hombres y mujeres. El campo estaba circundado por alambre de púas, torres con guardias y centinelas armados. Sus prisioneros eran de origen japonés, en su mayoría ciudadanos estadounidenses, que se convirtieron en víctimas inocentes del racismo y la histeria reinante durante la guerra. Desarraigados de sus hogares y traicionados por su gobierno, fueron exiliados a centros de detención ubicados en el desierto.

En la actualidad nuestros paisajes están llenos de monumentos, campos de batallas, parques históricos y sitios que conmemoran los grandes acontecimientos, logros y personajes de la historia de Estados Unidos. Manzanar es singular porque nos recuerda una época de crisis cuando la Constitución no cumplió con su finalidad de proteger a sus ciudadanos. En 1972, Manzanar fue reconocido como un hito histórico por el Estado de California. En 1985, trece años más tarde, el Servicio Nacional de Parques identificó el ex campo militar como un hito nacional. Después de la reciente promulgación de la Resolución Conjunta 543 y la propuesta de la Ley 621 del Senado, es probable que el sitio pronto se convierta en un parque nacional histórico.

A principios de 1988, comencé a fotografiar las ruinas dentro de los límites de una milla cuadrada de Manzanar. Esta franja de desierto árido ocultaba un mundo escondido: las ruinas de una ciudad erigida por los militares para confinar a 10.000 personas escogidas en base a sus orígenes. Las fotografías revelan las marcas visuales de una historia importante que debe recordarse. Celebran los logros de una comunidad que pudo salir del caos social y las circunstancias degradantes impuestas por la tiranía racial. Estas fotografías están presentadas con mucho respeto como un homenaje y tributo a la gente de Manzanar.

Christopher Landis

TWENTIETH JURIED PHOTOGRAPHY EXHIBITION

The Jewish Community Center of Houston, through its Cultural Arts Department, strives to enhance the cultural awareness and sensitivity of the community it serves. This juried photography exhibition, now in its twentieth year, is designed to advance the growth of photography as an art form and to give amateur and professional photographers the opportunity to compete for the privilege of having their art evaluated, displayed, and appreciated.

The Juried Exhibition is structured to provide a forum for the photographer to submit a singular leap of imagination to a juror who will make knowledgeable, albeit individual, choices among the works entered. Past competitions have benefited from the expertise of jurors such as Suzanne Bloom, Ed Hill, George Krause, Anne Tucker, Geoff Winningham, Cornell Capa, Nathan Lyons, David Travis, and Lee Witkin. The jurors share one vital qualification: an abiding and confirmed love of art—recognizing that art is a complex and mysterious human endeavor about which only tentative and partial assumptions can be made.

In 1986 the Juried Photography Exhibition, as part of the first Houston FotoFest, became a national competition open to photographers throughout the United States. From 1125 entries, juror Van Deren Coke selected for display 63 works by 58 photographers representing 19 states. The slide–entry format, with awards made by the judge after viewing the actual print, became the prototype for all future juried exhibitions. In 1988, from among 1139 entries, *New York Times* art critic Andy Grunberg selected 51 works by 32 photographers, and in 1990 juror Arthur Ollman selected one of the most diverse exhibitions presented in this series. We are privleged to have as juror of the 1992 exhibition, Roy Flukinger, curator for the Photography Theatre Film Collections of Harry Ransom Humanities Research Center, University of Texas at Austin.

Recognizing that the creative process is not complete until the work has found an audience, the juried exhibition hopes to provide such an expressive forum.

Marilyn Hassid

VIGÉSIMA EXPOSICIÓN POR JURADO

El Centro Comunitario Judío de Houston, por intermedio de su Departamento Artístico Cultural, procura acrecentar la sensibilidad cultural de la comunidad a la que presta servicio. Su exposición de fotografías elegidas por un jurado, ya en su vigésimo año, está destinada a apoyar el desarrollo de la fotografía como una forma artística y a brindar a los fotógrafos aficionados y profesionales la oportunidad de competir para lograr el privilegio de que su arte sea evaluado, exhibido y apreciado.

La Exposición por Jurado está organizada para proporcionar al fotógrafo la oportunidad de presentar un original salto de su imaginación al juez que realizará su selección entre las demás obras presentadas. Las competencias anteriores han aprovechado los conocimientos y la experiencia de muchos jueces artísticos, tales como Suzanne Bloom, Ed Hill, George Krause, Anne Tucker, Geoff Winningham, Cornell Capa, Nathan Lyons, David Travis y Lee Witkin. Los jueces comparten una característica vital: un constante y comprobado amor por el arte—reconociendo que el arte es una actividad humana de características complejas y misteriosas sobre la que únicamente se pueden sostener premisas provisorias y parciales.

En 1986, la Exposición de Fotografías por Jurado, que formó parte del primer FotoFest de Houston, se convirtió en un certamen nacional abierto a fotógrafos de todo Estados Unidos. Entre las 1.125 participaciones, el juez Van Deren Coke seleccionó 63 obras de 58 fotógrafos que representaban a 19 estados para integrar la exposición. La presentación de trabajos en diapositiva se convirtió en el prototipo para todas las exposiciones por jurado futuras, en las que el juez otorga los premios después de ver la positiva real. En 1988, entre 1.139 participaciones, el crítico de arte del *New York Times*, Andy Grunberg, seleccionó 51 trabajos de 32 fotógrafos y en 1990 el juez Arthur Ollman, seleccionó una de las exposiciones más diversas que se ha presentado en esta serie. Tenemos el privilegio de contar con la presencia de Roy Flukinger, experto de las Colecciones de Fotografía, Teatro y Películas del Centro de Investigación de Ciencias Sociales "Harry Ransom" de la Universidad de Texas, en Austin, quien actuará como juez de la exposición de 1992.

Marilyn Hassid

ARNOLD EAGLE

Arnold Eagle chose to photograph a disappearing world in the 1930s and 1940s in New York. An immigrant photographing immigrants, he photographed what he knew and saw in order to record the passing world. As Cornell Capa said, "For the young Arnold Eagle, an immigrant himself, the sights were familiar; they were part of his own world. The photographs are authentic, Eagle had talent, good eyes, and a warm heart."

Eagle was raised in Budapest. He was expelled from school at seventeen following an incident with an anti-Semitic teacher and enrolled in a private art academy. The family emigrated to the United States in 1929. One day he was walking down the street and passed the Rappaport Photography Studio, where some charcoal drawings were displayed. Believing he could do a better job, he applied for a job doing drawings. He was hired as a photo retoucher and discovered a love for photography. He became involved with the Film and Photo League in 1932, and in 1935 began working with the Works Progress Administration (later the Works Projects Administration).

The world of Orthodox Jews on the Lower East Side became his subject—the Second and Third Avenue El, women lighting Friday night candles, men studying Torah in small synagogues, faces and religious customs of a community that he believed to be a disappearing culture in New York.

As Christopher Phillips said, "His photographs are stamped with the same social curiosity, human compassion, and historical awareness that characterize the man himself."

ARNOLD EAGLE

Arnold Eagle optó por fotografiar el mundo desaparecido del Nueva York de los años 30 y 40. En su carácter de inmigrante que fotografía a otros inmigrantes, registró las imágenes de lo que conocía y veía a fin de dejar grabado ese mundo efímero. Según Cornell Capa: "Para el joven Arnold Eagle, un inmigrante, las vistas eran familiares, formaban parte de su propio mundo. Las fotografías son auténticas, Eagle tenía talento, buenos ojos y un corazón cariñoso."

Eagle se crió en Budapest. Lo echaron de la escuela cuando tenía diecisiete años después de un incidente con un maestro antisemita y se inscribió en una academia de arte privada. La familia emigró a los Estados Unidos en 1929. Un día se encontraba caminando por la calle y pasó por el Estudio de Fotografía Rappaport, donde había varios dibujos en carbonilla desplegados en la vidriera. Convencido de que podía realizar un mejor trabajo, se presentó para trabajar como dibujante. Lo contrataron como retocador de fotografías y descubrió su amor por la fotografía. En 1932 se unió a la Liga de Películas y Fotografías y en 1935 comenzó a trabajar con la Administración de la Marcha de Obras (más adelante llamada la Administración de los Proyectos de Obras).

El mundo de los judíos ortodoxos de la zona baja del este de Manhattan se convirtió en su tema: la Segunda y Tercer Avenidas, las mujeres encendiendo las velas los viernes a la noche, los hombres estudiando el Antiguo Testamento en pequeñas sinagogas, las caras y costumbres religiosas de una comunidad que él consideraba como una cultura que iba a desaparecer en Nueva York.

Según las palabras de Christopher Phillips: "Sus fotografías están estampadas con la misma curiosidad social, compasión humana y percepción histórica que caracterizan al hombre mismo."

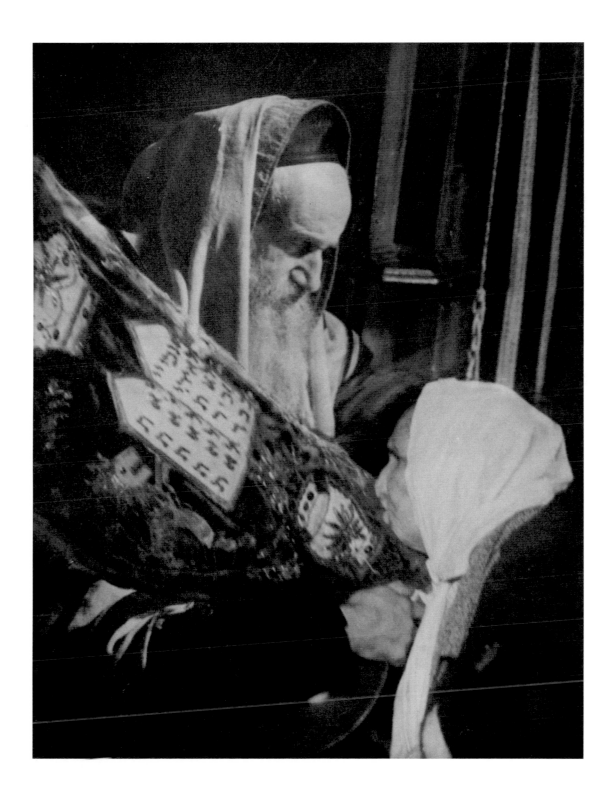

THE TORRID LAND: TWO ISRAELI PHOTOGRAPHERS

My work deals with memories and longing. The images are a hieroglyph: challenging, confronting, inviting the viewer to analyze and decode.

I long for the quiet, happy childhood that escaped me all too soon—drowned in the noise of shattering bombs, stinking smoke, and fires in some God–forsaken Arab village.

I long for my army friends. Beautiful young men who by the strike of guns and fire are now lost. Yegel from Jerusalem...Yehezchel from my home kibbutz...and Moshe Tal on the night in the orchard in Gaza, 1967, when I tried in vain to stop the last drops of life from leaving him.

Through memory and visual code, the images become black bulks surrounded by an ambiguous background. Memories transformed into black, white, gray running wild, changing, shifting...speaking an independent language.

Shmuel Lipkin

My work is about my feelings of belonging to my land and country. Feelings of fear, helplessness and loss of control A fear of sudden death I cannot foresee.

I am rooted in the land of Israel; therefore my work deals with the landscape. This series evokes summer, a time of year when the scenery is no longer heartwarming and pleasurable. The land loses its living power, and I lose my strong relationship to it. The earth under my feet is burning. The balance is violated. The summer makes me feel helpless.

Ronit Ben Uzion

LA TIERRA TÓRRIDA: DOS FOTÓGRAFOS ISRAELÍES

Mi trabajo trata de memorias y añoranzas. Las imágenes son un jeroglífico: desafiante, confrontante, que invita el análisis y descifrado por parte del espectador.

Añoro mi niñez tranquila y contenta, que se desvaneció demasiado rápido—ahogada por el ruido del bombardeo destructor, el humo hediondo, y los incendios de alguna aldea árabe dejada de la mano de Dios.

Añoro mis amigos del ejército. Maravillosos jóvenes que con el disparar de armas y fuego se han perdido. Yegel de Jerusalén...Yehezchel de mi kibbutz materno...y una noche en un huerto en Gaza en 1967, Moshe Tal, cuando traté en vano de impedir que las últimas gotas de su vida desaparecieran.

Con el tiempo, la memoria y el código visual, las imágenes han pasado a ser armatostes negros rodeados de un fondo ambiguo. Memorias que se han transformado en negros, blancos y grises corriendo desencadenados, movedizos y en constante cambio...hablando un idioma independiente.

Shmuel Lipkin

Mi trabajo trata del sentido de ser parte de mi tierra, de mi patria. Sensaciones de miedo, impotencia, desamparo y pérdida de control. El terror de una muerte súbita que no puedo predecir.

Estoy arraigado en la tierra de Israel, por lo tanto mi trabajo trata con ese paisaje. Esta serie evoca el verano, una época del año cuando el paisaje ya no es agradable y acogedor. La tierra pierde su fuerte poder de la vida y yo pierdo mi fuerte relación con ella. La tierra debajo de mis pies arde. El equilibrio sea ha violado. El verano me hace sentir impotente.

Ronit Ben Uzion

Diaspora • Robert Galloway

These photographs personify ships in a journey of my life. Photographs are vessels that serve as conveyors of life's greatest treasure—culture. They are beacons to keep one's voyage straight when pathways seem cloudy. They sustain, nurture, enlighten, and bond the family of man.

During the spring of 1974, I arrived in Addis Ababa, Ethiopia, to do research at NAMRU-5 (National Aeronational Marine Research Unit) in infectious disease. This ancient city affected me profoundly—the age-less sense of ongoing history, the dignity of the people, the vibrancy of a twentieth-century metropolis coupled with the simplicity of daily life. In the center was a towering stone structure, "The Lion of Judea," which in its majesty spoke of a long lineage of kings, queens, wars, and religion.

Traveling to the countryside on a crowded bus (the congestion of the city moving through the vast openness of the country), a single isolated tree caught my eye. I saw young boys tending cattle as had their parents and their parents' parents before them—the original cowboys.

To do field research, I flew a World War II nonpressurized aircraft to tropical Gambella. This was the hottest place I had ever experienced. My initial discomfort in this steamy jungle was quickly replaced by admiration for the people who showed such strength and tenacity in the face of so many natural obstacles and for those who were capable of doing so much with so little.

My vision became keener with guidance from these people whose powers of observation are honed by the need to survive in an unforgiving environment—large crocodiles camouflaged on the riverbanks, snakes slithering along vines, fishermen poling wooden boats through reedy rivers. Further, my awareness of the delicate balance between people grew as I realized the need to request permission before intruding, especially with a camera, into the private lives of others. The mother and child posed for me out of kindness.

Robert Galloway, M.D.

Diáspora • Robert Galloway

Estas fotografías personifican navíos en un viaje por mi vida. Las fotografías son vasijas que sirven para transmitir el tesoro más grande de la vida—la cultura. Son balizas que nos dirigen por caminos iluminados cuando éstos parecen nublados. Sostienen, nutren, ilustran, iluminan y ligan a la familia del hombre.

Durante la primavera de 1974, llegué a Addis Abeba, Etiopía, para realizar investigaciones sobre enfermedades infecciosas en un Centro de Investigación Marina Aeronacional. Esta antigua ciudad me afectó profundamente—el sentido de una historia eterna, la dignidad de la gente, la vitalidad de una metrópolis del siglo XX acoplada a la sencillez de la vida cotidiana. En el centro había una inmensa estructura de piedra, "El león de Judea," que en su majestuosidad hablaba de un largo linaje de reyes, reinas, guerras y religión.

Viajando al campo en un ómnibus atestado, vi a muchachos jóvenes cuidando el ganado, tal como lo habían hecho en el pasado sus padres y los padres de sus padres—los vaqueros originales.

Para la investigación de campo, fui a la Gambella tropical, en un avión no presurizado de la Segunda Guerra Mundial. En mi vida he estado en un lugar tan caluroso como ese. Mi incomodidad inicial en esa jungla humeante rápidamente quedó reemplazada por mi admiración de esa gente que demostraba increíble fuerza y tenacidad al enfrentar los muchos obstáculos naturales y por aquellos que tenían la capacidad de hacer mucho con muy poco.

Mi vista pasó a ser más aguda bajo la tutela de e sta gente cuyos poderes de observación se han afilado por la necesidad de sobrevivir en un ambiente hostil e implacable—enormes cocodrilos escondidos en las orillas de los ríos, serpientes trenzadas en las enredaderas, pescadores empujando barcos de madera con pértigas por los ríos sofocados por juncos. Es más, mi concientización del delicado equilibrio que hay entre las personas se fue manifestando cuando me di cuenta que tenía que pedir permiso antes de entrometerme, especialmente con una cámara, en la vida privada de los demás. Por bondadosa y amable, esta madre con su hijo posaron para mí.

Robert Galloway, M.D.

IMPROMPTU

Impromptu, a student photography exhibition, is a collaborative project of the Children's Museum of Houston, the Association of Texas Photography Instructors, and the Houston Center for Photography.

Middle and high school students from around the state participated in the 1991 Association of Texas Instructors' First Annual Student Competition. The contest required students of photojournalism and art to reflect on the meaning of impromptu, then capture their personal interpretation of the word on film. Students could choose any setting or subject for their photographs, including natural environments, public areas, and individuals.

Officials from the Houston Center for Photography judged 400 entries and selected forty photographs to be displayed at the Children's Museum. *Impromptu* captures the essence of spontaneity while demonstrating a variety of photographic techniques including black-and-white, color, experimental, and non-silver process.

IMPROMPTU

Impromptu (improvisado), una exposición fotográfica estudiantil, constituye un proyecto cooperativo del Museo para Niños de Houston, la Asociación de Instructores de Fotografía de Texas y el Centro para la Fotografía de Houston.

En la Primera Competencia Estudiantil Anual de la Asociación de Instructores de Texas, en 1991, participaron alumnos del ciclo básico y de la secundaria en todo el estado de Texas. En este certamen, los estudiantes de periodismo y arte fotográfico tenían que reflejar el significado de la palabra "impromptu," captando en película sus interpretaciones personales de la palabra. Los alumnos podían elegir cualquier ámbito o tema para sus fotografías, incluso lugares de la naturaleza, sitios públicos y personas.

Los funcionarios del Centro para la Fotografía de Houston sirvieron de jueces para las obras de 400 participantes y seleccionaron 40 fotografías a exhibirse en el Museo para Niños. La palabra "impromptu" encierra la esencia de lo espontáneo a la vez que demuestra una variedad de técnicas fotográficas, incluso los procedimientos de blanco y negro, color, experimental y no plateado.

HERB RITTS: RECENT PHOTOGRAPHS

Known internationally for his stylized personality portraits, male and female nudes, and fashion photography, Herb Ritts is one of a handful of photographers who have redefined the concept of glamor photography.

Ritts describes his clean, simple portraiture style as one of calculated innocence that allows the subject to reveal her- or himself. His individual style recalls both the coolness of Steichen and the lustrous Hollywood portraits of Hurrel.

Equally individual in style are Ritts's nudes. Using only natural light, his male and female nude figures exude a smoldering sexuality constrained by a highly refined and severe purity of form.

Photographs by Ritts appear regularly in such publications as *Rolling Stone, Vogue, Tattler, L'Uomo Vogue*, and many others. His work has been the subject of one-person gallery exhibitions in New York, London, Tokyo, Hamburg, and Los Angeles. Ritts currently lives and maintains his studio in Los Angeles.

HERB RITTS: FOTOGRAFÍAS RECIENTES

Conocido a nivel internacional por sus retratos estilizados de personalidades, desnudos de hombres y mujeres y las fotografías del mundo de la moda, Herb Ritts forma parte de un reducido grupo de fotógrafos que han redefinido el concepto de la fotografía embelesada.

Ritts describe su estilo de retrato nítido y simple como uno de inocencia calculada que permite al retratado o retratada darse a conocer. Su estilo individual rememora la frialdad de Steichen y los retratos brillantes del tipo Hollywood de Hurrel.

Los desnudos de Ritts también son muy particulares en cuanto a su estilo. Expuestos únicamente a la luz natural, sus figuras desnudas de hombres y mujeres exudan una sexualidad oculta limitada por una pureza de forma muy refinada y seria.

Las fotografías de Ritts habitualmente aparecen en publicaciones tales como *Rolling Stone, Vogue, Tattler, L'Uomo Vogue* y muchas otras. Su labor ha sido objeto de exposiciones individuales en galerías de Nueva York, Londres, Tokio, Hamburgo y Los Angeles. En la actualidad Ritts vive y tiene su estudio en Los Angeles.

SEBASTIÃO SALGADO

The extraordinary photographs of Sebastião Salgado question contemporary ideas of humanity and illustrate the nobility of mankind. Salgado's experiences as he traveled widely in Africa and Latin America as an economist challenged the importance of his work. He realized that his visions of photography were more important to him than his reports on economics. Salgado decided to make photojournalism his new career. A Brazilian, Salgado currently lives in Paris. His sensitive photographs capture the dignity common to all mankind and leave an indelible imprint upon our conscience.

Deeply moved by the beauty and misery he saw in Africa in 1980, Salgado published a book of photographs, *Sahel: Man in Distress.* This book enabled him to raise funds for the French aid organization Médecins sans Frontières and to provide some measure of recompense to the suffering, uprooted people who inspired his photographs.

When the Africa project was completed, Salgado returned intermittently to South and Central America, where he spent seven years photographing the people closest to the land in Brazil, Mexico, Ecuador, Peru, Bolivia, and Guatemala. Once again, he demonstrated the compassionate role photography can play in tragic world events by tenderly depicting cultures characterized by poverty, death, struggle, and personal dignity. These images were incorporated in a book titled *Other Americas.*

During another extended stay in Brazil, Salgado photographed Serra Pelada, a mine in the Brazilian Amazon where gold was discovered in a mountain stream. In an event that challenges the imagination, a mountain was reduced, entirely by human hand, to a hollow 600 feet deep and one-half mile wide. On the backs of tens of thousands of native prospectors seeking a better existence, a mountain disappeared.

The struggle of workers in Kuwait to put out the post-war oil fires and cap the wells was the inspiration for yet another remarkable series of photographs by Salgado in 1991.

SEBASTIÃO SALGADO

Las fotografías extraordinarias de Sebastião Salgado cuestionan las ideas contemporáneas sobre la humanidad e ilustran la nobleza del género humano. Las experiencias vividas por Salgado durante los extensos viajes que realizó por Africa y América Latina en su carácter de economista pusieron a prueba la importancia de su trabajo. Se dio cuenta que para él eran más importantes sus visiones de fotografía que sus informes sobre economía. Salgado decidió que el periodismo fotográfico sería su nueva carrera. Salgado, de origen brasileño, actualmente vive en París. Sus fotografías son sensibles y captan la dignidad que es común a toda la humanidad y dejan una impresión imborrable sobre nuestras conciencias.

Profundamente conmovido ante la belleza y la miseria que encontró en el Africa en 1980, Salgado publicó un libro de fotografías, *Sahel: Man in Distress.* Este libro le permitió recaudar fondos para la organización francesa de ayuda llamada Médecins sans Frontières y proporcionó en alguna medida una recompensa para la gente sufrida y desarraigada que inspiraba sus fotografías.

Cuando finalizó su proyecto en Africa, Salgado regresó intermitentemente a América Central y Sudamérica, donde pasó siete años fotografiando a la gente más arraigada a sus tierras en Brasil, México, Ecuador, Perú, Bolivia y Guatemala. Una vez más, demostró el papel misericordioso que la fotografía tiene en los trágicos acontecimientos del mundo por medio de sus tiernas descripciones de aquellas culturas caracterizadas por la pobreza, la muerte, la lucha y la dignidad personal. Estas imágenes fueron reunidas en un libro titulado *Other Americas.*

Durante otra permanencia prolongada en el Brasil, Salgado fotografió la Serra Pelada, una mina del Amazonas brasileño en donde se descubrió oro en un arroyo de la montaña. En un acontecimiento que presenta un desafío para la imaginación, la mano del hombre redujo toda una montaña a una excavación de 600 pies de profundidad y de media milla de ancho. Sobre los hombros de decenas de miles de buscadores de minas nativos en busca de una mejor existencia, desapareció una montaña.

La lucha y los esfuerzos de los trabajadores de Kuwait para apagar las llamas de los incendios petroleros que quedaron después de la guerra y tapar los pozos proporcionaron inspiración para otra notable serie de fotografías que Salgado tomó durante 1991.

HOWARD STERN

At various times in the past I have been penalized for not working to a formula, for not having all my work as variations of a single theme. As a rule, I delight in photographing (or painting) any subject that captures my fancy. My formula is the world around me and all of the beautiful things it contains. I feel that this is as strong a formula as any.

I have photographed landscapes and seascapes, mountains and plains, deserts and swamps. I have "eyeballed" around four hundred species of birds, animals, and wildflowers. I have done in-depth studies of life in the deserts of America, Namibia, and Botswana. I have done life cycles of fish. I like to do portrait studies of people and have done figure studies, historical personalities, and nudes. I love the various faces of nature: rain, snow, fog, day and night; of man in cities and country and in some industries.

In pursuing these theses I have found many poignant subjects: a dead and partly eaten luna moth among the dead leaves of autumn, the slowly rotting buildings of an abandoned farm or ghost town, the neglected and degenerating crosses of an old Indian cemetery with the fallen symbols, and small white bones scattered about by burrowing rodents.

This show is composed of all of the above elements. There are portraits, foggy nights, still lifes, and more. There is my first serious photograph from 1928, and my last one from 1991. Every one of these is a piece of me. They comprise my world around me and the manner in which I see my world. I hope that you will like them.

Howard Stern

HOWARD STERN

En distintas oportunidades anteriores me han sancionado por no trabajar de acuerdo con una fórmula, por no hacer de mi labor variaciones de un mismo tema. Por regla general, me entusiasma fotografiar (o pintar) cualquier tema que atrae y capta mi fantasía. Mi fórmula es el mundo que me rodea y todas las cosas bellas que el mismo contiene. Creo que se trata de una fórmula tan buena como cualquiera.

He fotografiado paisajes terrestres y marinos, montañas y planicies, desiertos y pantanos. Mi "globo ocular" se ha posado sobre alrededor de 400 especies de pájaros, animales y flores silvestres. He realizado estudios a fondo de la vida en los desiertos de Norteamérica, Namibia y Botswana. He captado los ciclos de vida de los peces. Me gusta retratar a la gente y he realizado estudios de figuras, personalidades históricas y desnudos. Me encantan las distintas caras que tiene la naturaleza: la lluvia, la nieve, la neblina, el día y la noche, así como las del hombre de la ciudad y del campo y en algunas industrias.

Cuando he estado abocado a la búsqueda de estas tesis, me he encontrado con algunos objetos conmovedores: una mariposa nocturna muerta y parcialmente comida entre las hojas caídas del otoño, los edificios en un lento proceso de descomposición de una granja abandonada o de un pueblo fantasma, las cruces olvidadas y deterioradas de un antiguo cementerio indio con los símbolos caídos y pequeños huesos blancos desparramados por los roedores de una madriguera.

Esta exposición está compuesta por todos los elementos mencionados antes. Hay retratos, noches neblinosas, naturalezas muertas y mucho más. También está mi primera fotografía seria que data de 1928 y la última que tomé en 1991. Cada una de ellas representa una parte de mí. Todas ellas comprenden el mundo que me rodea y la manera en que yo lo veo. Espero que les guste.

Howard Stern

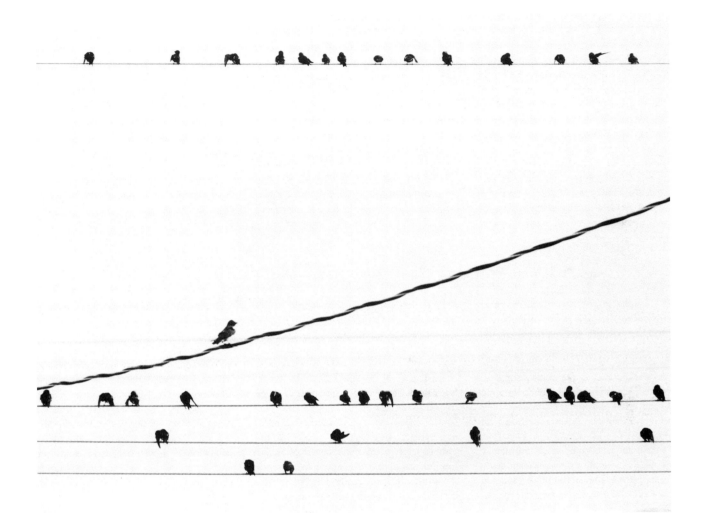

WILLIAM CHRISTENBERRY: RECENT PHOTOGRAPHS • MANUAL: TWO WORLDS • SKEET MCAULEY: RECENT WORKS

MANUAL's exhibition, *Two Worlds*, consists of a recent series of computer-generated images. One of the two worlds is the virtual reality created by the computer and its technology in the late twentieth century and the definition of the world as we will probably know it in next century. The other world is a naturalistic view defined by nineteenth-century materialism.

This series of Type C photographs continues to show the technical skill and talent that enable MANUAL (Suzanne Bloom and Ed Hill) to create images of rich color saturation with subtle and profound content.

Skeet McAuley has, since 1989 photographed panoramic landscapes and, more recently, objects of significance to the contemporary dominant culture. This culture's values and traditions are reflected in its manipulation of production and in consumption of the natural resources of the world. This godlike use of environmental design lends itself to a dialectical synthesis of seemingly contradictory viewpoints: the product of massive land re-formation becomes an aesthetic consumption of sport, recreation, and consumerism in the great outdoors.

Bill Christenberry has long been known for his poignant, haunting, and often melancholy images of the South, particularly Hale County, Alabama. His color photographs rarely include people but focus on the evocative beauty of the landscape and decaying buildings and structures. The recent photographs and sculptures included in this exhibition exemplify Christenberry's unique vision and understanding of past and present Southern culture.

WILLIAM CHRISTENBERRY: FOTOGRAFÍAS RECIENTES • MANUAL: DOS MUNDOS • SKEET MCAULEY: OBRAS RECIENTES

La exposición de MANUAL, *Two Worlds* (Dos mundos), consiste en una serie reciente de imágenes creadas por computadora. Uno de los dos mundos es la realidad virtual creada por la computadora y su tecnología a fines del siglo XX y la definición del mundo como es probable que lo conozcamos en el próximo siglo. El otro mundo es una visión naturalista definida por el materialismo del siglo XIX.

Esta serie de fotografías del Tipo C continúa mostrando la destreza técnica y el talento que permitió a MANUAL (Suzanne Bloom y Ed Hill) crear imágenes saturadas de colores intensos con un contenido sutil y profundo.

Desde 1989, Skeet McAuley ha venido fotografiando paisajes panorámicos y, en forma más reciente, objetos de importancia para la cultura contemporánea dominante. Los valores y las tradiciones de esta cultura se reflejan en su manipulación de la producción y en la destrucción de los recursos naturales del mundo. Este uso divino del diseño ambiental se presta a una síntesis dialéctica de puntos de vista que aparentemente son contradictorios: el producto de una masiva reforma agraria se convierte en un consumo de deportes, esparcimiento y filosofía de consumo al aire libre.

Durante mucho tiempo se lo ha conocido a Bill Christenberry por sus imágenes agudas, perturbadoras y a veces melancólicas del sur, en especial del Condado de Hale en Alabama. Sus fotografías a color rara vez incluyen gente, sino que se concentran en la belleza evocativa del paisaje y la decadencia de los edificios y las estructuras. En esta exposición se incorporan fotografías y escultura recientes que reflejan la singular visión y comprensión que Christenberry tiene del pasado y del presente de la cultura sureña.

WILLIAM CHRISTENBERRY

Plow on Fencepost, Near Carrollton, Mississippi • 1991

MANUAL (SUZANNE BLOOM AND ED HILL)

Miles to Go... • 1991

SKEET McAULEY

Portage Glacier, Alaska • 1990

SINS • PILAR ALBAJAR

Our work is the joint effort of a team of two. The ideas and the graphic work are closely related but are the result of teamwork. Antonio Altarriba conceives the themes for the series and for each of the photos, specifying the elements to be used and their layout. Pilar Albajar does the technical work and adds the aesthetic and stylistic values. We communicate constantly and supervise both areas of our collaboration.

Our aim is to explore themes that are closely attached to our culture and to human beings (sex, sin, fear, error). We try to choose a concrete image that, at the start, is an abstract idea or forms part of a wide and extensive known image. We find ourselves on an interesting and exciting level that stretches from the idea to the various images that can be revealed as we move through a changing relationship between the abstract idea and the concrete figure. Once again, the encounter of word and image. We would like this encounter to be surprising, corrosive, and ironic and to envelop an ambiguous suggestion, a rapid flash of truth, or, at least, of beauty.

PECADOS • PILAR ALBAJAR

Nuestro trabajo es el resultado del esfuerzo combinado de dos personas. Las ideas y el trabajo gráfico están estrechamente relacionados pero son el producto de la labor en equipo. Antonio Altarriba concibe los temas para la serie y para cada una de las fotos, especificando los elementos a usarse y su disposición. Pilar Albajar se ocupa del trabajo técnico y agrega los valores estéticos y estilísticos. Nos comunicamos constantemente y supervisamos ambas partes de nuestra colaboración.

Nuestro objetivo es explorar temas que están muy relacionados con nuestra cultura y los seres humanos (sexo, pecado, miedo, errores). Tratamos de elegir una imagen concreta que, al principio, es una idea abstracta o forma parte de una imagen conocida que es amplia y extensa. Nos encontramos a un nivel interesante y emocionante que va de la idea a las distintas imágenes que pueden revelarse a medida que transitamos por una relación cambiante entre la idea abstracta y la figura concreta. Una vez más, el encuentro de la palabra y la imagen. Nos gustaría que ese encuentro fuera sorprendente, corrosivo e irónico, así como que encerrara una sugerencia ambigua, un rápido destello de verdad o, por lo menos, de belleza.

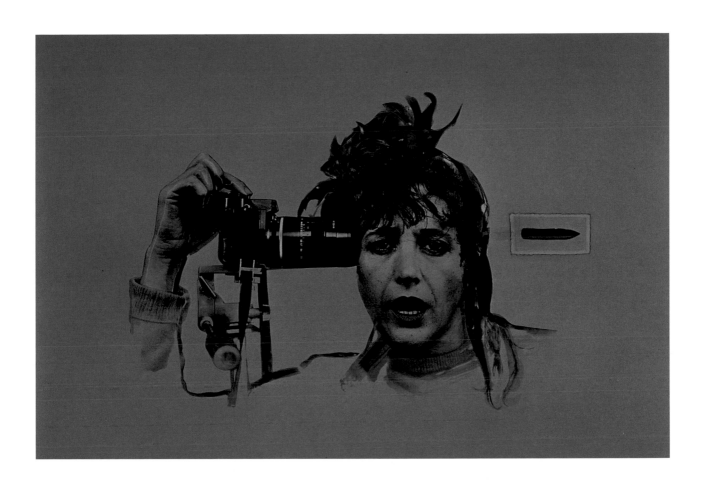

JOHN C. HESKETH: HOME LIFE

I use my house, yard, and immediate neighborhood as the setting for my work. Everyday objects that don't have extraordinary relevance are combined and redefined. Often my subject matter is personal, dealing with my own feelings of home, family, and the suburban dream.

In the dark, I find myself searching for something with a flashlight. I photograph in long exposures using hand-held lights to paint light over a prepared scene. Preparation for these images starts with ideas in journals, dreams, and conversations. Sometimes, however, I go out into the dark with no preconceived notion. I'm interested in the narrative qualities that are expressed when time is compressed onto a single sheet of film.

Sometimes narratives are imposed by me; other times the objects reveal their own narratives. The final image is always a compromise between myself and the subject. I don't use an accurate shutter or "high-tech" lighting equipment. This is more intentional that economical. I prefer to rely on intuition over scientific calculation. This enables me to paint light by feeling rather than by numbers.

I walk through a scene painting light, often leaving hints of human presence or the need for one. The simple yet intense use of color mimics the loose nature of dreams—lacking everyday detail—generous in symbolism.

These are images that have gotten caught in my dreams. I bring them to the surface as an underwater photographer brings his images up from the ocean depths.

DUANE MICHALS: POETRY AND TALES • BARBRA RILEY: LITHIC METAPHORS

In this group of photographs I have turned from images of exotic places in the world to my own environment, close to where I live and work in South Texas.

My concern for our disappearing natural environment is illustrated by my choice of symbols. They are the endangered and threatened bird species that inhabit Ward Island, the location of Corpus Christi State University where I teach art. These drawings of birds are carved onto plaster rocks to emulate the Native American communiques, the petroglyphs that occur throughout the Southwest.

My approach has changed from finding my image to controlling it—by designing my rocks.

Barbra Riley

Duane Michals' *Poetry and Tales* ranges from whimsical and fantastic stories of childhood to lyrical meditations on longing, loss, and death. In his evocative blend of image and text, Michals describes a world in which emotions are a tangible force and reality is given a surreal twist: a dead soldier's soul returns to shower drops on his lover ("The Young Woman Prayed to Jesus") and a man mourns the son he never had ("To Some Other Father's Son"). It is also a world in which a mischievous child finds she can control others ("Annie's Magic Hair") or a body decides to rebel ("My Body Went on Strike").

Michals' signature blend of poetry and text, photographic sequences, and painted photographs demonstrate his boundless imagination and wit, as well as his capacity to probe the innermost realms of human experience.

A retrospective of Michals' work will open at the International Center of Photography in New York on September 11, 1992. Duane Michals is represented by Sidney Janis Gallery, New York.

The exhibition, *Landscape and Still Life*, by April Rapier is also being shown.

DUANE MICHALS: POESÍA Y CUENTOS • BARBRA RILEY: METÁFORAS LÍTICAS

En este grupo de fotografías he pasado de las imágenes de lugares exóticos del mundo a mi propio ambiente, cerca de donde vivo y trabajo en el sur de Texas.

Mi preocupación ante la gradual desaparición de nuestro medio ambiente natural se ilustra en mi selección de símbolos. Son las especies de pájaros que corren peligro de extinción y que se encuentran en la Isla Ward, donde está ubicada la Universidad Estatal de Corpus Christi, en donde enseño arte. Estos dibujos de pájaros están grabados en rocas de yeso para emular los comunicados de los nativos norteamericanos, los petroglíficos que se encuentran en toda la región del sudoeste.

Mi enfoque ha cambiado, yendo de la búsqueda de mi imagen al control de la misma, por medio del diseño de mis rocas.

Barbra Riley

Poetry and Tales (Poesía y cuentos) de Duane Michals va desde los cuentos extravagantes y fantásticos de la niñez hasta las meditaciones líricas sobre la añoranza, las pérdidas y la muerte. En su evocativa mezcla de imágenes y texto, Michals describe un mundo en el que las emociones constituyen una fuerza tangible y la realidad adquiere un tono surrealista: el alma de un soldado muerto regresa para rociar con gotas a su amante, y un hombre se lamenta por el hijo que nunca tuvo. También es el mundo en que una niña pícara se da cuenta que puede controlar a los demás, o en el que un cuerpo decide sublevarse.

Esta mezcla original de poesía y texto que caracteriza a Michals, sus secuencias fotográficas y las fotografías pintadas demuestran su imaginación e ingenio sin límites, así como también su habilidad de penetrar y analizar los reinos más recónditos de la experiencia humana.

El 11 de septiembre de 1992 se inaugurará una exposición retrospectiva del trabajo de Michals en el Centro Internacional de la Fotografía de Nueva York.

La Sidney Janis Gallery de Nueva York representa a Duane Michals.

BARBRA RILEY

Long-Billed Curlew, Ravine, South Texas •1991

SCOTT PURDY: CIBACHROME LANDSCAPES

Simple Gifts, an old Shaker song—whose melody figures prominently in Aaron Copland's *Appalachian Spring*—tells us: "'Tis the gift to be simple, 'tis the gift to be free/ 'Tis the gift to come down where you ought to be/ And when we find ourselves in the place just right/ 'Twill be in the valley of love and delight."

Through photography I strive to discover and interpret the simplicity of the "place just right" in the rapidly diminishing number of fragile landscapes that remain undamaged by man's greed. From nature's myriad stimuli I seek that portion that simply exemplifies the spirit of the place. Photography allows interpretation of the inexpressible, realization of simplicity and serenity, and comprehension of both temporal light and the light within.

Natural light, when diffracted, reflected, and filtered by the surrounding environment, reveals select areas of nature's sculpture. Light paints certain forms boldly, casts others to shadow, and illuminates indirectly by reflection. Colors and patterns dance gently as light moves. Light's motion alters forms, shapes, and perceptions, revealing aspects of nature in often illogical colors the mind toils to comprehend, to "correct," and to avoid. Unique colors and patterns created of light inspire much of my recent work, and I endeavor to chronicle them faithfully.

I hope my photographs promote appreciation of the simple gifts we have been granted in the landscape and help stay their continuing destruction.

R. Scott Purdy

Michal Rovner: Decoy—Works from the Gulf War

Sequestered in a New York City loft while her family's Tel Aviv home was under attack and later destroyed by Iraqi missiles, Michal Rovner snapped Polaroid pictures of the Persian Gulf War from CNN broadcasts. The images she captured are familiar ones: Iraqi troops with their arms raised in surrender, an aerial view of a windowless building seconds before it was destroyed by a laser-guided missile.

By manipulating the photographs, shooting new negatives of the Polaroids, and changing the colors slightly, Rovner has created a series of powerful, dreamlike images, at once distant and eerily familiar.

"My emotional idea of what was going on in this war was so different from what I saw on television," Rovner says. "The images I saw on TV were so cold, so dehumanized, so orderly and clean—so unreal—that there was a very big gap between my emotional response and what was actually seen on television."

The fighting men in Rovner's photographs have been blurred beyond recognition, giving a nondescript quality that underscores the timeless and universal nature of warfare; at times one is not quite sure if the scene is a television image of 1991 or a hazy snapshot from World War II.

"I'm not interested in the specifics," Rovner explains, "whether the image is of an Iraqi or an American, who is right or wrong. My pictures are more a comment on the general threat I felt—to me, to my own existence."

Rovner, whose work appeared in the 1990 FotoFest, has exhibited in New York, Europe, and Israel during the past two years. Her work has recently been purchased by the Museum of Modern Art in New York and the Bibliothèque Nationale in Paris.

Her shows scheduled for 1992 include one at the Betsy Rosenfeld Gallery in Chicago and one in Prague, Czechoslovakia.

Photographs by Neil Maurer and L. A. Clever are also being exhibited.

Michal Rovner: El señuelo—obras de la guerra en el Golfo Pérsico

Aislada en un desván en la Ciudad de Nueva York, mientras que el hogar de su familia en Tel Aviv estaba siendo atacado y luego destruido por los proyectiles iraquíes, Michal Rovner tomó fotos Polaroid de la guerra del Golfo Pérsico usando las teletransmisiones del canal CNN. Las imágenes capturadas por ella son reconocibles: las tropas iraquíes con sus brazos en alto entregándose, una toma aérea de un edificio sin ventanas segundos antes de su destrucción por un proyectil guiado por láser.

Mediante la manipulación de las fotografías, tomando negativos nuevos de los Polaroid, y cambiando ligeramente los colores, Rovner ha creado una serie de imágenes poderosas de ensueño, siendo al mismo tiempo distantes y misteriosamente reconocibles.

"Mis reacciones emocionales de lo que estaba pasando durante esa guerra eran tan diferentes de lo que yo veía en televisión," dice Rovner. "Las imágenes que vi en televisión eran tan frías, tan deshumanizadas, tan ordenadas y limpias—tan irreales—que había un gran vacío entre mi reacción emocional y lo que se veía en la pantalla."

Rovner ha difuminado los soldados en sus fotografías de modo que son irreconocibles, presentando una cualidad indescriptible que subraya la naturaleza universal y eterna de toda guerra; a veces uno no está seguro si está viendo una imagen de televisión de 1991 o una foto nebulosa de la Segunda Guerra Mundial.

"A mí no me interesan las cosas específicas," explica Rovner, "si la imagen es de un iraquí o de un americano, quién tiene razón y quién no. Mis fotos son un comentario sobre la amenaza general que siento—hacia mi persona y mi existencia."

Rovner, cuyas obras fueron incluidas en el FotoFest 1990, ha tenido exhibiciones en Nueva York, en Europa y en Israel, durante los últimos dos años. Hace poco, sus obras fueron adquiridas por el Museo de Arte Moderno en Nueva York, y la Bibliotèque Nationale de París.

Las exhibiciones que tiene planeadas para 1992, incluyen una en la Galería Betsey Rosenfeld de Chicago, y una en Praga, Checoslovaquia.

PABLO CORRAL VEGA / ECUADOR

Through photography I try to communicate an attitude toward the world: permanent wonder for the simple things that surround us. I believe my task is to be a witness, to testify through vision to some simple and yet extraordinary moments, real gifts of God and nature that everyone can experience and appreciate if eyes are open in wonder to the beauty of the world.

Technically, I prefer utmost simplicity. I never use filters or artificial light, but I am not prejudiced against the use of technology; with it I can concentrate on seeing and not on setting. I prefer color because the world is full of color. I love the play of light and shadow, the strong contrasts and subtle differences, the almost graphic quality of the blue Andean sky, of the trees, of the water.

I have always lived in the Andes, surrounded by extremes. Below one of those imposing mountains one feels small outside and big inside. For me to photograph in the Andes is to involve myself in a spiritual journey, and use of the camera as an awkward extension of my eyes is justified only because it allows me to share part of that experience with others.

I don't take pictures of poverty or suffering even though these are a common sight where I live. I believe we should concentrate all our efforts in saving what is worth saving, in constructing a better society based on health and respect for human beings and nature. The sight of health makes us strive for it. I try to photograph a wholesome and rich nature, and what I love the most in nature is people.

Pablo Corral Vega

Pablo Corral Vega was born in Cuenca, Ecuador, in 1966. He started to photograph when he was six years old and had his first photo exhibition at twelve. He has exhibited his work throughout Ecuador and in California, Kentucky, and Germany. In 1989 he published a book of his own poetry and photography, and he recently published a major book about the Andes of Ecuador. He graduated from law school in 1991.

PABLO CORRAL VEGA - ECUADOR

A través de la fotografía intento comunicar una actitud hacia el mundo: un permanente asombro por las cosas simples que nos rodean. Yo siento que mi tarea es la de un testigo, compartir a través de la imagen ciertos momentos simples pero extraordinarios, verdaderos regalos de Dios y la naturaleza, que toda persona puede apreciar si tan sólo sus ojos están abiertos en asombro a la belleza del mundo.

En cuanto a la técnica prefiero la más absoluta simplicidad. Nunca uso filtros o luz artificial, pero no tengo prejuicios en contra de la tecnología; con su ayuda me puedo concentrar en ver y no en calcular. Prefiero el color porque el mundo está lleno de color. Me encanta el juego de la luz y la sombra, los contrastes fuertes y las diferencias sutiles, la calidad gráfica del cielo andino, de los árboles, del agua.

Siempre he vivido en los Andes, rodeado de extremos. Debajo de una de esas grandes montañas uno se siente muy pequeño por fuera y muy grande por dentro. Fotografiar en los Andes es para mí una experiencia espiritual y la cámara es una extensión postiza de mis ojos que se justifica sólo porque me permite compartir parte de esa experiencia con otras personas.

No tomo fotografías de pobreza o sufrimiento aún cuando son comunes donde yo vivo. Pienso que debemos concentrar todos nuestros esfuerzos en rescatar lo que vale la pena, en construir una mejor sociedad basada en la salud y el respeto por los seres humanos y la naturaleza. La imagen de la salud nos incita a buscarla.

Intento fotografiar una naturaleza completa y saludable, y lo que más amo en la naturaleza es la gente.

Pablo Corral Vega

Pablo Corral Vega nació en Cuenca, Ecuador en 1966. Comenzó a tomar fotografías a los seis años de edad e hizo su primera exposición a los doce. Ha presentado su trabajo en todo Ecuador, en California, en Kentucky y en Alemania. En 1989 publicó un libro con su poesía y fotografía y acaba de publicar un libro sobre los Andes ecuatorianos. Se graduó como Doctor en Jurisprudencia en 1991.

KEITH CARTER: MOJO

The word "Mojo" is an Afro-American term referring to a hex or a spell, hope of protection from evil.

Using the term figuratively rather than literally, Keith Carter has journeyed through rural Texas, Louisiana, Mexico, and Mississippi to produce a body of work, *Mojo*, to be published as his third book in the fall of 1992 by Rice University Press.

This anthology of images deals with the cultural, religious, architectural, and folkloric possibilities revolving around people, the animals they live with, their rural magic, and how they spend their time.

A. D. Coleman, noted photography critic writing for the *New York Observer*, states, "The South conjured up by Keith Carter feels at once both real and mythical, highly personalized yet also related to that psychic territory described earlier in photographs by Clarence John Laughlin and Ralph Eugene Meatyard.... Mr. Carter makes photographs in which one thing or another is, characteristically, askew. He renders his images in monochrome format roughly fourteen inches square, sumptuously printed and richly selenium-toned. The scale keeps his subjects from being miniaturized; his crafting of the prints immerses the viewer in a sensually rewarding world.... These meditations are formal, detailed, mournful, and distinctly strange."

Carter's first book of photography, *From Uncertain to Blue* (Texas Monthly Press, 1988), documents small Texas towns. His second book, *The Blue Man* (Rice University Press, 1990) is a portfolio of Deep East Texas.

Carter is the Walles Chair Professor of Art at Lamar University in Beaumont, Texas. He is also a recent recipient of the Mid-America Arts Alliance/National Endowment for the Arts Regional Fellowship in photography and the Dorothea Lange/Paul Taylor Prize from the Center for Documentary Studies at Duke University. His work is included in the collections of the Museum of Fine Arts, Houston; the Amon Carter Museum, Fort Worth; the San Antonio Museum of Art; Ilford, Ltd., Paramus, New Jersey; Harvard University's Carpenter Center for the Visual Arts, Cambridge, Massachusetts; and the Tyler Museum of Art, Tyler, Texas.

KEITH CARTER: MOJO

La palabra "mojo" es un término afroamericano que se refiere a una brujería o hechizo, una esperanza de protección contra el mal.

Keith Carter, quien utiliza el término en sentido figurativo en vez de hacerlo literalmente, ha viajado por las zonas rurales de Texas, Louisiana, México y Mississippi para producir un conjunto de trabajos, Mojo, que formará parte de su tercer libro que publicará Rice University Press en el otoño de 1992.

Esta antología de imágenes trata acerca de las posibilidades culturales, religiosas, arquitectónicas y folklóricas que giran alrededor de la gente, los animales con los que viven, su magia rural y cómo pasan el tiempo.

A.D.Coleman, un famoso crítico fotográfico que escribe para el *New York Observer*, sostiene que: "El sur evocado por Keith Carter al principio se percibe como algo real a la vez de místico, muy personalizado aunque también esté conectado con el territorio psíquico descripto antes en las fotografías de Clarence John Laughlin y Ralph Eugene Meatyard.... El Sr. Carter hace fotografías en las que, por regla general, una u otra cosa está torcida. Presenta sus imágenes en un formato monocromático que tiene aproximadamente unas catorce pulgadas cuadradas, suntuosamente impresas y exquisitamente matizadas con selenio. La escala no deja que sus objetos se conviertan en miniaturas; la artesanía de sus fotografías sumerge al observador en un mundo sensualmente gratificante.... Estas meditaciones son formales, detalladas, apesadumbradas y singularmente extrañas."

El primer libro de fotografías de Carter, *From Uncertain to Blue* (Texas Monthly Press, 1988), documenta los pequeños pueblos de Texas. Su segundo libro, *The Blue Man* (Rice University Press, 1990), constituye una muestra del Texas oriental de tierra adentro.

Carter es profesor de arte titular de Lamar University en Beaumont, Texas. Recientemente se hizo acreedor de la beca regional de fotografía otorgada por Mid-America Arts Alliance/National Endowment for the Arts y el premio Dorothea Lange/Paul Taylor del Centro de Estudios Documentales de Duke University. Su trabajo está incluido en las colecciones del Museo de Bellas Artes de Houston, el Museo Amon Carter de Fort Worth, el Museo de Arte de San Antonio, Ilford, Ltd., el Centro Carpenter de Artes Visuales de Harvard University, y el Museo de Arte de Tyler, Texas.

THE CRITICAL DECADE · MOVE, BANTHU, SHOUT

The Critical Decade is the first major British retrospective of photographic work focusing on race and representation. It features black photographers who are confronting post-colonial debates about national and cultural identity—miscegenation, class, gender, sexuality, and displacement. Breaking away from such stereotypical images of blacks as criminals and physical/sexual entertainers, these black photographers juxtapose genres like portraiture, image text, landscape, and advertising to express what it means to be black and British in Europe. The exhibition assesses black representation in different photographic forms and illustrates the diverse practices found in Black British photography today.

The exhibition coincides with the publication of a Ten·8 photo paperback, edited by Professor Stuart Hall and David A. Bailey, that explores these issues. It includes photographs by Ingrid Pollard, David Lewis, Roshini Kempadoo, Sunil Gupta, Zak Ové, David A. Bailey, Rotimi Fani-Kayode, Gilbert John, Suzanne Roden, Maxine Walker, Claudette Holmes, Zarina Bhimji, Val Brown, and Vincent Stokes.

In *Move, Banthu, and Shout*, African-American artists/photographers Pat Ward-Williams, Annette Lawrence, and Colette Veasey extend the viewers' survey of current themes— cultural identity, displacement, and hope—in their respective installations.

LA DÉCADA CRÍTICA · MOVE, BANTHU, SHOUT

La década crítica es la primera retrospectiva británica importante de obras fotográficas que enfocan la raza y la representación. Ésta destaca a fotógrafos negros que se ven confrontados con debates post-coloniales sobre su identidad nacional y cultural—el mestizaje, la clase social, el género, la sexualidad y el desplazamiento. Separándose de las imágenes estereotípicas de los negros como criminales y artistas físicos/sexuales, estos fotógrafos negros yuxtaponen géneros como p.ej. retratos, textos en las imágenes, paisajes y publicidad, para expresar lo que significa ser negro y británico en Europa. La exposición considera la representación de los negros en diferentes formas fotográficas e ilustra las diversas prácticas que se encuentran en la actualidad en la fotografía británica negra.

La exposición coincide con la publicación de un libro en rústica de fotos 10.8, editado por el Profesor Stuart Hall y por David A. Bailey, en el que exploran esos temas. Incluye fotografías tomadas por Ingrid Pollard, David Lewis, Roshini Kempadoo, Sunil Gupta, Zak Ové, David A. Bailey, Rotimi Fani-Kayode, Gilbert John, Suzanne Roden, Maxine Walker, Claudette Holmes, Zarina Bhimji, Val Brown y Vincent Stokes.

En *Move, Banthu, Shout*, las artistas/fotógrafas afroamericanas Pat Ward-Williams, Annette Lawrence y Colette Veasey amplían el panorama del espectador en relación a los temas corrientes—identidad cultural, desplazamiento y esperanza— en sus respectivas instalaciones.

ZAK OVÉ

Underground Sonata

I Got da Jazz • Gregory B. Gerran

Gregory Gerran is an artist who lives life as image and sound. A musician (percussionist) and recording artist with a background in offset printing, he acquired his first 35mm camera while attending the University of the District of Columbia as a printing and publishing technologies major. Becoming school newspaper editor and then yearbook editor, he experienced photojournalism and community photography and began to meld his two loves, music and photography.

Gregory has had two shows at the main branch of the Houston Public Library while completing work on a degree in commercial photography at the Art Institute of Houston. This display reflects some of the many images acquired from playing and touring over the years.

Bright moments to you!!

El jazz • Gregory B. Gerran

Gregory Gerran es un artista que vive la vida como una combinación de imagen y sonido. Músico (percusionista) y artista que ha grabado discos, con experiencia en la impresión rotocalcográfica, adquirió su primera cámara de 35mm cuando asistía a la Universidad del Distrito de Columbia, donde cursaba estudios en técnicas de impresión y publicación. Al cumplir funciones como redactor del periódico universitario y luego como redactor del anuario, experimentó el periodismo fotográfico y la fotografía comunitaria y comenzó a combinar sus dos pasiones: la música y la fotografía.

Gregory ha realizado dos muestras en la sucursal principal de la Biblioteca Pública de Houston mientras finalizaba sus cursos para la carrera de fotografía comercial en el Instituto de Arte de Houston. Esta exposición refleja algunas de las tantas imágenes adquiridas mientras jugaba y recorría lugares a través de los años.

¡Momentos brillantes para usted!

Floris M. Neusüss

Floris M. Neusüss is a conceptual artist working in experimental photography. For many years his focus has been on the study and artistic development of the photogram, a process by which an object is placed on light-sensitive paper, exposed to light, and then developed. While he continues to produce traditional photograms (referred to as lab photograms), his experimental work has exceeded that of the pioneers of the photogram. His use of the entire human body introduces a realistic dimension to the work, imposing a unique influence on the image. Neusüss also paints with the developer. Through this approach, he produces a controlled, painterly plane while not predetermining the final appearance of the picture. In some cases he avoids bringing the picture to a conclusion by not fixing the print.

His latest work, *Fields off the Beaten Track*, presents yet another dimension of the medium. These photograms are created outdoors at night—not in a studio. The outdoor elements influence the ultimate result: anything from a thunderstorm to the light from the moon. Although he limits the amount of his own direct manipulation in the work, the size of the paper alone determines the format of the image. While the principle of the photogram remains constant, these pieces achieve a wider range of focal planes than classic photograms.

Neusüss wrote the first comprehensive history book about the photogram, *Das Photogram* (Cologne, 1990). His work is included in such major collections around the world as the International Museum of Photography, George Eastman House, Rochester; Striped House Museum of Art, Tokyo; Bibliothèque Nationale, Paris; Museum Ludwig, Cologne; and the Museum für Kunst und Gewerbe, Hamburg.

Petra E. Benteler

HERCULEAN STILL LIFE: PHOTOGRAPHS BY STANLEY L. MOORE

Holding the mark of truly important works of art to be at once reflective and instructive, Stanley Moore's series of hand-coated platinum prints entitled *Herculean Still Life* approaches significance with an artful blending of canon and interpretation.

Central to each composition in the series is a Farnesean figure of the demigod rendered muscular and massively built, the body emphasized by the device of making the head disproportionately small. The allegorical symbol of physical strength and courage, the apotheosis of Hercules is abstracted in a surreal context of shadow and light, distortion and referential clarity.

In *Herculean Still Life*, Moore invokes the immediacy of the surrealist composition with articulated interpretive values. But rather than suggest the repressed longings of the subconscious, the souvenirs of experience, a *nuditas virtualis* affectively invests the observers' ideas about what is represented. Moore's Hercules subsists surveying the Augean debris of ephemeral desire, leaving the observer to contemplate the origin of emotional encumbrances. Where the surrealists invoked the dream, Moore invokes the empirical to dismantle, in a pioneering spirit, taboos which yet remain on a general and less private level.

Beyond the formal considerations contributing to the content of the series, the technical application of the physical image emphasizes the hand of the artist at work rather than sheer duplication. The look of the photograph itself stirs the emotional and spiritual depths redolent of Julia Margaret Cameron's Iago, and homage.

The photographic image signifies itself and something else—it becomes a signifier remotivated within the system of a new frame. Within *Herculean Still Life* may be divined the creation of a veritable language at once reflecting the vastation of temporal experience and thereby directing the observer to forge from experience a reticent dignity.

NATURALEZA MUERTA HERCÚLEA: FOTOGRAFÍAS DE STANLEY L. MOORE

Con las características de los trabajos artísticos realmente importantes que son reflexivos a la vez que educativos, la serie de fotos bañadas a mano con platino titulada *Herculean Still Life* [Naturaleza muerta hercúlea] aborda la significación con una artística mezcla de dogma e interpretación.

El aspecto dominante de cada composición de la serie es una figura Farnesiana de un semidios de apariencia muscular y conformación maciza cuyo cuerpo está realzado mediante la técnica de hacer la cabeza desproporcionadamente pequeña. La deificación de Hércules, símbolo alegórico de la fuerza física y el valor, se abstrae en un contexto surrealista de sombras y luces, distorsiones y claridad de referencia.

En esta obra, Moore conjura la proximidad de la composición surrealista con los valores interpretativos claramente expresados. Pero en vez de sugerir las añoranzas reprimidas del subconciente, los recuerdos de la experiencia, un *nuditas virtualis* invierte con afecto las ideas que los observadores tienen con respecto a lo que está representado. El Hércules de Moore subsiste examinando los restos corruptos del deseo efímero, dejando que el observador contemple el origen de las trabas emocionales. Mientras que los surrealistas invocaron el sueño, Moore invoca lo empírico a fin de desmantelar con su espíritu pionero los tabús que todavía existen a un nivel general y menos privado.

Más allá de las consideraciones formales que contribuyen al contenido de la serie, la aplicación técnica de la imagen física resalta la mano del artista trabajando en vez de constituir una mera duplicación. La apariencia de la fotografía en sí agita los abismos emotivos y espirituales que nos recuerdan a *Iago* de Julia Margaret Cameron y a un homenaje.

La imagen fotográfica tiene un significado por sí misma y por algo más—se convierte en un significador con una nueva motivación dentro del sistema de un nuevo marco. Dentro de *Herculean Still Life* se pueden hacer conjeturas sobre la creación de un lenguaje real que refleja la inmensidad de la experiencia temporal y de esa manera dirige al observador a forjar de la experiencia una dignidad reticente.

Frédéric Marsal

Frédéric Marsal belongs to that generation of photographers whose main concern is to define an individual style of their own, far beyond any preoccupation of genre. For them there is no difference between commissioned work and personal expression.

Marsal is foremost a photographer of aesthetic emotion that finds its expression in a landscape or a nude, a portrait or a still life. He approaches both objects and faces with the same sensitivity. Attentive to the subtleties of light, the outline of a form or a movement, his approach to reality is delicate, all in nuance. And those whose picture he takes respond in turn to this refinement, this modesty of the eye. The man himself is restrained, just like his photographs and the manner in which

they are presented: small format framed within a large, white space, a contradiction in a time when creative artists are so sure of their own genius and make it known by all means available. He possesses that quality essential to the philosopher, doubt expressed mostly by an experimental character that accompanies the passage from one genre to another. Yet the style remains constant, reinforced by the knowledge with which he uses his tool, contact printed $3^{1}/_{4}$ -by-$4^{1}/_{4}$ format, 665 black-and-white negative Polaroids. Light and shade are thus tinged with a certain softness, the result all in gradation. The photographer uses the uneven ridges of the negative which, once developed, become an integral part of the image. This framing

reinforces the unity of the work, erases the differences in the treatment of the photograph, and cancels out any formal adventure that would appear rather awkward in another context.

Marsal has developed a visual system that even welcomes incursions into the field of color, thus integrating different references to the history of photography, such as nineteenth-century landscapes and plastic experiments of the interwar period of which he is particularly fond.

Gabriel Bauret
Camera International Editor

Frédéric Marsal

Frédéric Marsal pertenece a esa generación de fotógrafos cuyo principal objetivo es la definición de un determinado estilo propio, más allá de cualquier preocupación con respecto al género. Para ellos no hay ninguna diferencia entre los trabajos por encargo y la expresión personal.

Marsal es, antes que nada, un fotógrafo de emociones estéticas que encuentra su medio de expresión en un paisaje o un desnudo, un retrato o una naturaleza muerta. Presta atención a las sutilezas de la luz, el trazado de una forma o el delineado de un movimiento, con lo cual enfoca la realidad de una manera delicada, todo en matices. Y aquellas personas fotografiadas por él a su vez responden a este refinamiento, a esa modestia del ojo observador. El hombre en sí

es moderado, tal como sus fotografías y la manera en que están presentadas: un formato pequeño enmarcado por un gran espacio en blanco, una contradicción en esta época en que los artistas creadores están tan seguros de sus propios talentos que los dan a conocer por todos los medios disponibles. Marsal posee esa cualidad que es esencial en un filósofo, la duda expresada fundamentalmente a través de un temperamento experimental que acompaña la transición de un género a otro. Aun así el estilo tiene cierta constancia, resaltado por el conocimiento con que utiliza su herramienta: Polaroids en negativos en blanco y negro 665 con un formato de $3^{1}/_{4}$-by-$4^{1}/_{4}$ de copia por contacto. De esa manera la luz y las sombras están matizadas con cierta suavidad, produciendo todo un resultado de degradación de colores. El

fotógrafo emplea las crestas desparejas del negativo que, una vez reveladas, forman parte de la imagen. Este enmarcado robustece la unidad del trabajo, borra las diferencias en el tratamiento de la fotografía y anula cualquier aventura formal que pudiera resultar rara en algún otro contexto.

Marsal ha desarrollado un sistema visual que hasta acepta las incursiones en el campo del color, integrando así las distintas referencias a la historia de la fotografía, tales como los paisajes del siglo XIX y los experimentos plásticos del período transcurrido entre las guerras que lo atrae de una manera muy particular.

Gabriel Bauret
Redactor de Camera International

JANE HINTON

The exhibition of works by Canadian artist Jane Hinton encompasses selections from two ongoing series, *Urban Archeology and Men with Round Glasses.*

The Men series began as an investigation of barriers, embodied in the language of specialist disciplines. The words of each man's specialty are superimposed on a portrait taken against a brick background. Seen as a group, the images become poignant, stark portraits of contemporary isolation. The men stare out through the veil of their own languages, mute, alone.

Urban Archeology captures images of our urban infrastructure, transformed through the multiple frame into compositions of great architectural power. A Houston highway underpass is unexpectedly recast as a vision of Renaissance architecture, while a new Toronto flyover displays surprising elegance of line. Old, disused bridges read as fragments of a more industrial society and stand as quiet, dignified monuments to another time.

Jane Hinton, born in Victoria, British Columbia, studied at the St. Martin's School of Art in London and is a graduate of the Ontario College of Art in Toronto. She has exhibited and is collected internationally and is represented by the Jane Corkin Gallery in Toronto and the Inman Gallery in Houston.

JANE HINTON

Esta exhibición de obras por la artista canadiense Jane Hinton, abarca selecciones de dos series en curso: *La Arqueología Urbana y Hombres con Lentes Redondos.*

La serie *Hombres* comenzó como una investigación de las barreras personificadas por el lenguaje de las disciplinas especializadas. Las palabras de la especialidad de cada hombre se han superpuesto en un retrato tomado contra un fondo de ladrillos. Cuando se ven en grupo, las imágenes pasan a ser conmovedoras, retratos desolados del aislamiento contemporáneo. Los hombres miran fijamente a través del velo de sus propios idiomas, mudos, solitarios.

La Arqueología Urbana capta imágenes de nuestra infraestructura urbana, transformada mediante el marco múltiple, en composiciones de gran fuerza arquitectónica. El puente formado por una autopista en Houston aparece inesperadamente como si fuera una visión de la arquitectura del Renacimiento, mientras que una nueva autopista en Toronto muestra una sorprendente elegancia de línea. Viejos puentes abandonados se ven como fragmentos de una sociedad más industrial y perduran como monumentos solemnes y tranquilos de otra era.

Jane Hinton, nacida en Victoria, Columbia Británica, estudió en la St. Martin School of Art en Londres y es graduada del Ontario College of Art de Toronto. Ella ha exhibido internacionalmente y sus obras se coleccionan a nivel mundial. Ella está representada por Jane Corkin Gallery de Toronto y por Inman Gallery de Houston.

Theology Student • from the series, Men With Round Glasses • 1991

HOREA

Horea's show is an installation of two major sets of work that illustrate a personal development in relation to oneself and to society.

One set, consisting of bleached and toned photographs of isolated portions of the body, alters the original image into a strange vision of self. The images, full of anxiety and tension, are quite powerful and beautiful as the tonal values the artist has created accentuate the lines of the body.

In the second set of work, development of self in relation to society, Horea investigates the relationship of self and religion, of conflicts between humanity and religious beliefs. He comments on different aspects of social problems by staging, using photographs of himself to show how social evils affect everyone. In this body of work, he uses photographs along with writings to analyze and convey his feelings about and reactions to particular societal and religious aspects.

The show is forceful, yet elegant in technique and execution.

Karen Lanning

HOREA

La exposición de Horea está compuesta por dos grupos principales de trabajos que ilustran un desarrollo personal en relación con sí mismo y con la sociedad.

Un grupo, que consta de fotografías blanqueadas y matizadas de partes aisladas del cuerpo, modifica la imagen original para convertirla en una visión extraña de uno mismo. Las imágenes, llenas de ansiedad y tensión, tienen bastante fuerza y belleza dado que las tonalidades creadas por el artista acentúan las líneas del cuerpo.

En el segundo grupo de trabajos, el desarrollo de sí mismo en relación con la sociedad, Horea investiga la relación del yo y la religión, de los conflictos entre la humanidad y las creencias religiosas. Realiza comentarios sobre distintos aspectos de los problemas sociales mediante la escenificación, utilizando fotografías de sí mismo para mostrar cómo los males sociales afectan a todos. En este conjunto de trabajos, usa las fotografías junto con sus escritos para analizar y transmitir sus sentimientos con respecto a determinados aspectos de la sociedad y la religión y las reacciones que tiene ante los mismos.

La exposición es impresionante aunque elegante en su técnica y ejecución.

Karen Lanning

THE TIGUA: IN SEARCH OF TRADITION • BILL WRIGHT

I am a photographer with a background of thirty-five years in business solving people's problems. I enjoy meeting new people, creating new friends.

I suppose it was natural for me to photograph people. My parallel interest is anthropology, and this complements my interest in documentary photography and environmental portraiture.

When I first began photographing people I made social-comment photographs. I was influenced by the FSA Group and photographers like Eugene Smith and Cartier-Bresson.

I have come to believe, however, that the world has a surfeit of social commentary that is essentially negative. There is ample

suffering and injustice in the world to keep an army of photographers occupied, but there is also abundant evidence of man's indomitable spirit; people in the most desperate of circumstances still laugh and love. I want to show human joy and courage, an area that has been inadequately expressed in photography.

I photograph people wherever they may be and try to establish a relationship while I'm photographing. I have taken candid pictures that I enjoyed, but I felt they were missing the important ingredient of interaction.

Henry Wolfe wrote, "For a photograph to be great, the photographer himself has to be part of the picture. I mean by this that the more of himself, his view, his prejudices, his

nostalgia, his love life, his background shows through, and the more the photographer is committed, the more the picture will have a chance of being unique and beautiful."

Often I will begin shooting subjects candidly and then introduce myself and explain why I feel that they are important and interesting for me to photograph. Without being patronizing, I want to affirm their sense of worth, to support their good feeling about themselves. I must continually remind myself that I am intruding into their world. If I cannot relate to them with honesty, then my images have no integrity.

Bill Wright

LOS TIGUA: EN BUSCA DE LA TRADICIÓN • BILL WRIGHT

Soy un fotógrafo con 35 años de experiencia en el campo de resolver los problemas de la gente. Me encanta conocer gente nueva y hacerme amigos.

Supongo que era una tendencia natural para mí el fotografiar a gente. También estoy interesado en la antropología y esto complementa mi interés por la fotografía documental y los retratos del medio ambiente.

Cuando comencé a fotografiar gente, me dediqué a las fotografías con comentarios de índole social. Estaba influenciado por el Grupo FSA y fotógrafos tales como Eugene Smith y Cartier-Bresson.

Sin embargo, estoy comenzando a pensar que el mundo está hastiado de comentarios sociales que esencialmente son negativos. Hay suficiente sufrimiento e

injusticias en el mundo como para mantener ocupado a un ejército de fotógrafos, pero también hay abundante evidencia del espíritu indomable del hombre; la gente que se encuentran en la más desesperada de las circunstancias todavía se ríe y ama. Yo quiero mostrar la alegría y el valor humanos, un tema que no ha sido bien expresado a través de la fotografía.

Fotografío a la gente dondequiera que se encuentren y trato de establecer una relación mientras lo hago. He tomado fotos espontáneas que me gustaron, pero a la vez he sentido que les faltaba ese ingrediente tan importante de la interacción.

Henry Wolfe escribió: "Para que una fotografía sea extraordinaria, el fotógrafo también tiene que formar parte de la misma.

Con eso quiero decir que cuánto más pone de sí mismo, de su visión, de sus prejuicios, su nostalgia, su vida amorosa, tanto más se notan sus antecedentes y su pasado, y cuánto más se compromete el fotógrafo, tanto más posibilidades tendrá la foto de ser original y bella."

A veces comienzo a tomar fotografías de ciertas personas de manera espontánea y luego me presento y explico por qué creo que son importantes e interesantes para fotografiar. Constantemente tengo que recordar que me estoy entrometiendo en sus mundos. Si no me puedo relacionar con sinceridad, entonces mis imágenes no tienen integridad.

Bill Wright

FRAMES OF FEELINGS • ANDRÉ FELIX

Using fragmented reflections, shrouded figures, and portrayals of Christian mythology, French photographer André Felix explores the mystery of transformation. His theatrical photos capture the moment before revelation, encompassing the hidden and the emerging, the familiar and the mysterious. The images he creates resonate with the depth and complexity of human feeling.

Felix uses images that are staged before the photo is taken and at times manipulated in the darkroom. In the series titled *L'âme des Miroirs*, he photographs figures reflected in broken, sometimes shattered, mirrors. In *Âmes Voillée*, shrouded cocoonlike figures seem to merge with and emerge from romantic landscapes, speaking at once of separation from and connection with nature.

It seems natural that his fascination with the process of transformation leads to his self-portrayal of the story of Christ. In these elaborately staged scenes from the series *États des Âmes*, Felix contemplates the presence of the divine in the human world. His serious yet somewhat campy recreations center on the humanity of the Christ figure. Incorporating an undercurrent of ambiguous sexuality, they take a modern look at the tension between the sacred and the profane. The series culminates in the emergence of Christ from the tomb, both man and spirit.

By manipulating what we see, Felix's photos frame what we feel, allowing the viewer to navigate the waters of emotional ambiguity through half-hidden truths and spiritual mysteries, moving always toward transcendence.

ANDRÉ FELIX • ENMARCANDO LOS SENTIMIENTOS

El fotógrafo francés André Felix explora el misterio de la transformación por medio de la utilización de reflexiones, figuras veladas y retratos de la mitología cristiana. Sus fotos teatrales captan el momento antes de la revelación, abarcando lo oculto y lo emergente, lo familiar y lo misterioso. Las imágenes que crea resuenan con la profundidad y complejidad de los sentimientos humanos.

Felix emplea imágenes que ya están montadas antes de tomar la fotografía y, a veces, las manipula en el cuarto oscuro. En la serie titulada *L'âme des Miroirs*, fotografía figuras reflejadas en espejos rotos, a veces hechos añicos. En *Âmes Voillée*, figuras veladas que tienen la forma de capullos parecieran fusionarse con paisajes románticos para después surgir de los mismos, denotando una separación y conexión simultánea con la naturaleza.

Pareciera natural que su fascinación con el proceso de transformación lo lleva a su autorretrato de la historia de Cristo. En estas escenas de un elaborado montaje que pertenecen a la serie *États des Âmes*, Felix contempla la presencia de lo divino en el mundo de los seres humanos. Sus recreaciones serias pero algo extravagantes se centran en la humanidad de la figura de Cristo. Con la incorporación de una corriente oculta de sexualidad ambigua, las mismas adoptan una actitud moderna en su observación de la tensión que existe entre lo sagrado y lo profano. La serie culmina con el resurgimiento del cuerpo y del alma de Cristo del sepulcro.

Al manipular lo que vemos, las fotos de Felix captan lo que sentimos y le permiten al observador navegar por las aguas de una ambigüedad emocional a través de verdades semiocultas y misterios espirituales, siempre moviéndose hacia lo trascendental.

NOCTURNES • CONNIE MOBERLEY

Moonlight waxes and wanes with the lunar cycle. Cascading moonbeams illuminate the night with differing intensities. The brightness of the moon corresponds with its influences on the earth. Humanity, too, is swayed by the moon's cycles. The photographs in this series present a personal vision exploring the sensual effects of the moon upon earth, water, and humanity.

When time is spent in imaginative contemplation, the sought vision or spontaneous dream manifests itself. Visions created by the nocturnal mixing of moonlight, earth, fire, wind, and water glow and swirl into one image. The vision becomes a sequence, revealing more and more as the moonlight heightens and dreams take shape and recur. Luminous bodies blend with the breeze. The

moving fabric of life is a sail full of glittering moonbeams pouring forth onto the earth.

Photographic imagery from a body of work entitled Nocturnes includes constructions, and images on unconventional materials.

Connie Moberley

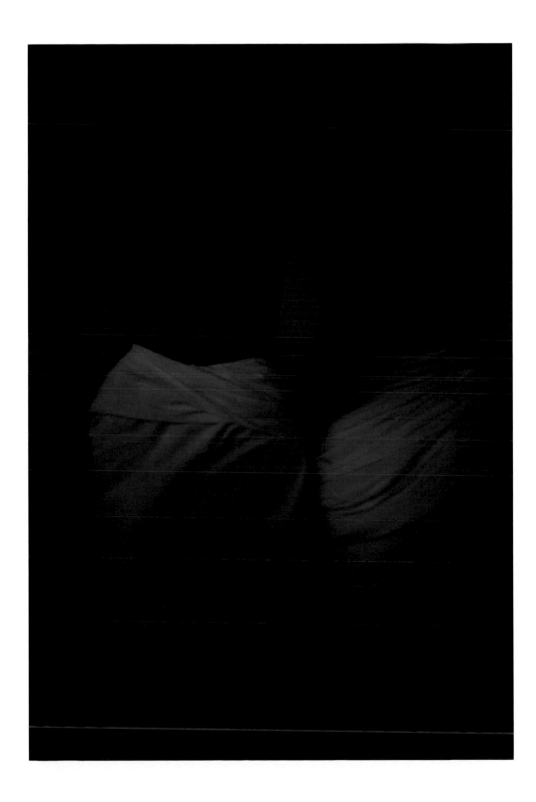

Maya of Chichicastenango • Doris Lee

To understand the faith of the people of Latin America today one must look back 500 years. The American Indian before the Conquest was a very spiritual human being. When the Spaniards destroyed his religious gods and temples, the Indian found refuge in the Christian church. The church would be built on top of temples, and the Indians would find their gods in Christian saints.

In the highlands of Guatemala, 1992, live the Quiche Indians. They speak a Mayan dialect and worship Mayan gods. The prayermen, the keepers of the faith, perform all religious rituals except baptism.

The Santo Tomas church was built in 1540. On the steps of this church the prayermen burn clouds of copal incense to their Mayan gods; inside they build altars with candles, flowers, and liquor to a Christian god. To these Indians they are one and the same. On a nearby mountain are ancient stones where chickens are sacrificed as offerings to Mayan ancestors. This is done like it was done thousands of years ago, because, as one prayerman said, "You can't erase time."

The history of the Guatemalan Indian has indeed worn a dark shroud that manifests itself today in continuing political and economic strife, but the timeless faith of these Indians reflect their true belief in God.

GEOFF WINNINGHAM • MEXICAN PHOTOGRAPHS, 1981-1992

Geoff Winningham, who has lived in Houston since 1968, is perhaps best known for his black-and-white photography of Texas in the 1970s. That work, which concentrates on sports and various social rituals, received national and international attention, particularly the 1971 book *Friday Night in the Coliseum* and the 1976 portfolio *A Texas Dozen*.

Writing about Winningham's work of that period, Robert Adams observed, "The events upon which Winningham concentrates are usually dismissed as popular entertainment. And yet, of course, rodeos celebrate a bashful, stringy individualism that we like to think of as American; wrestling matches give us a chance safely to heckle evil, and senior proms hold out the chance of escaping forever, suited in style, our ungainly elegance."

Beginning in 1981, Winningham traveled extensively in Mexico. His first encounters with Mexican culture corresponded with a number of changes in his photographic style, including the change to color photography, which has been his primary medium since 1981. He recalls that "After fifteen years of photographing in essentially one way—the 35-mm camera, black-and-white film, looking for the essential rituals of my own culture—I was ready for changes in my work. I had begun to know what my pictures would look like before I made them. It was absolutely essential for me at that time to take on entirely new things. So I sort of changed everything, from black-and-white to color, from 35-mm to view camera, from observing my own culture—one that I knew very well—to exploring Mexico, a new, exotic, totally foreign place."

This exhibition traces the evolution of twelve years of Winningham's Mexican photography, beginning with his earliest color images of that country—landscapes and architectural studies done with the eight-by-ten view camera and medium- format camera—to his most recent work, 35-mm photography of Mexican fiestas, work that echoes many of the stylistic qualities and social concerns of Winningham's work from Texas in the 1970s.

GEOFF WINNINGHAM • LAS FOTOGRAFÍAS MEXICANAS, 1981-1992

Geoff Winningham, quien ha vivido en Houston desde 1968, quizás es más conocido por sus fotografías en blanco y negro de Texas en los años 70. Ese trabajo, que se concentra en los deportes y varias ceremonias sociales, acaparó la atención nacional e internacional, especialmente en el libro de 1971 *Friday Night in the Coliseum* y en la serie de 1976 *A Texas Dozen*.

En sus comentarios acerca del trabajo de ese período de Winningham, Robert Adams destacó lo siguiente: "Winningham se concentra en aquellos acontecimientos que por lo general se descartan por ser espectáculos populares. Aun así, los rodeos festejan un individualismo tímido pero poderoso que nos gustaría categorizar como norteamericano; los encuentros de lucha libre nos dan una oportunidad segura para provocar al mal y las fiestas de graduación ofrecen la oportunidad de escapar para siempre con nuestra desgarbada elegancia ataviada a la moda."

A principios de 1981, Winningham viajó extensamente por México. Sus primeros encuentros con la cultura mexicana guardan cierto paralelismo con una serie de cambios en su estilo fotográfico, incluso el cambio a la fotografía en color, la que se ha convertido en su medio primario desde 1981. Según sus propias palabras: "Después de quince años de fotografiar prácticamente de una sola manera—una cámara de 35 mm y película en blanco y negro para registrar las ceremonias principales de mi propia cultura—ya estaba listo para realizar cambios en mi labor. Ya sabía cómo saldrían mis fotos antes de realizarlas. En ese momento era sumamente indispensable que emprendiera cosas totalmente nuevas. Entonces opté por cambiar todo, de blanco y negro a color, de 35 mm a la cámara con visor, de la observación de mi propia cultura—a la que conozco muy bien—a la exploración de México, un lugar nuevo, exótico y totalmente extraño."

Esta exposición sigue la evolución de doce años de la fotografía mexicana de Winningham, comenzando por sus primeras imágenes en color de ese país, desde paisajes y estudios arquitectónicos hasta su trabajo más reciente, las fotografías de las fiestas mexicanas, trabajo que imita muchas de las cualidades estilísticas y las preocupaciones sociales del trabajo que Winningham hizo en Texas en la década de los 1970.

DAVID GRAY / FERNE KOCH

Ferne Koch believes that the camera, promoting as it does the interaction of eye and thought, extends the viewer's concept of the object. She began her photography career by producing multimedia style shows in Houston that incorporated slides, music, multicolored spotlighting, and back-projection screens. Later she studied at the Photo League in New York and exhibited with the New York Camera Club.

In the mid-fifties, when Koch became involved with craft and art, she traveled widely seeking unique articles for the Handmakers shop. She came to know the craftsmen and women and to learn how their heritage and the customs of their environment influenced their work. They were inspired by loyalty to their ancestors and determined to continue their customs and rituals. By her support, Koch managed to help preserve invaluable cultural traditions.

David Gray's series of photographs is the first part of the work called *¿Dónde Está El Señor?*. He recorded the images during Holy Week, April 1981, in San Cristóbal de las Casas, Chiapas, Mexico. They depict the ceremonies of the church and its people during the week preceding Easter. Many of the photos show the hooded penitents—Nazarenos—walking the streets of San Cristóbal de las Casas, carrying torches and life-sized figures of the crucified Christ and the Virgin Mother Mary. These processions are common throughout Latin America, Spain, and Portugal. The hooded men wear costumes from a medieval past. As a sign of penitence, they wore sackcloth sprinkled with ashes. Later, during the Spanish Inquisition, the inquisitors added the hood, or cone-head, piece to ensure their anonymity. Today, the wearing of sack cloth and hoods in these processions has the same aspect of anonymity, but for a different reason: it is considered such an honor to be in these processions that, to avoid hubris, the wearers disguise themselves. Some of Gray's other images show scenes from the reenactment of the Passion of Christ.

FERNE KOCH / DAVID GRAY

Ferne Koch cree que la cámara estimula la interacción de la vista con el pensamiento, proyectando así el concepto que el observador tiene del sujeto. Esta fotógrafa comenzó su carrera con exhibiciones de medios múltiples en Houston, en las que incorporaba diapositivas, música, rayos iluminados de varios colores y pantallas con proyección de fondo. Más adelante, estudió en la Liga Fotográfica de Nueva York y exhibió en el Club de Cámaras de dicha ciudad.

A mediados de los 1950, cuando Koch comenzó a trabajar en el campo de las artes y las artesanías, viajó mucho, conoció mejor a los artesanos y aprendió cómo influía sobre su labor el legado y las costumbres del medio ambiente en que vivían. Observó que estaban inspirados por lealtad a sus ancestros y dedicados a perpetuar sus costumbres y ritos. A través del apoyo que brindó, Koch logró ayudar a conservar tradiciones culturales muy valiosas.

La serie de fotografías de David Gray constituye la primera parte del trabajo llamado *¿Dónde está el Señor?*. Registró las imágenes durante Semana Santa, en abril de 1981, en San Cristóbal de las Casas, Chiapas, México. Las mismas ilustran las ceremonias de la iglesia y su gente durante la semana antes de la pascua de Resurrección. Muchas de las fotos muestran a los penitentes encapuchados, los Nazarenos, caminando por las calles de San Cristóbal, portando antorchas y figuras de tamaño real del Cristo crucificado y la Virgen María. Estas procesiones son comunes en toda América Latina, España y Portugal. Los hombres encapuchados están vestidos con trajes de la época medieval. Como muestra de su penitencia, llevan túnicas de arpillera cubiertas con cenizas. Más adelante, durante el tiempo de la Inquisición española, los inquisidores agregaron la capucha para asegurarse el anonimato. En la actualidad, el uso de las túnicas de arpillera y capuchas en las procesiones tiene el mismo carácter anónimo pero por un motivo distinto: se considera que la participación en la procesión es un honor tan grande que se ocultan en esos disfraces para evitar sentimientos de arrogancia. Algunas de las otras imágenes de Gray muestran escenas de la representación de la Pasión de Cristo.

CHARLES SCHORRE / MIKE STUDE

The *Charles Schorre / Mike Stude* exhibition highlights the work of two artists who explore contrasting approaches to contemporary photography.

Charles Schorre, who has lived, worked as an artist, and taught in Houston since 1948, is represented in FotoFest by his photocollages. In his hands, the photocollage spontaneously and evocatively unites photography, painting, drawing, and printmaking media. Schorre's photocollages, an integral part of his career as an artist, receive recognition equal to his canvases in numerous one-person and group shows in New York, California, and Texas. Meredith Long & Company's FotoFest exhibition continues this tribute to Schorre's photocollages. In the words of Joe Arredondo, former director of the MSC Forsyth Center Galleries at Texas A&M University, "The collage is a challenging and stimulating art medium in the hands of Charles Schorre. Apparently loose and spontaneous, his works imply a powerful blending of the unconscious and conscious awareness for both the artist and the viewer."

In contrast to Schorre's photocollages, Mike Stude's photographs present straightforward black-and-white and color images of documentary power. While Schorre's work evokes the unconscious, Stude's photographs are conscious examinations of specific places. "Fourth Ward Dying," for example, presents keenly observed details of Houston's urban decay.

Stude, who has been photographing since he received his first camera (a Kodak Brownie) at the age of eight, is largely self-taught. Although he has participated in several photography courses at the Museum of Fine Arts and has been working in this medium for more than forty years, Stude, the owner of Houston's classical music station KRTS, considered himself, until recently, a "hobby" photographer.

At his first solo photography exhibition, held as part of FotoFest '90, his black-and-white and color photographs attracted much attention. Based on his travels and his life in Texas, his photographs documented such diverse subjects as the Berlin wall, his cattle ranch in Falfurrias, Texas, and views of some extraordinary Houston scenes.

CHARLES SCHORRE / MIKE STUDE

La exhibición Charles Schorre / Mike Stude hace resaltar la obra de dos artistas quienes exploran dos enfoques opuestos de la fotografía contemporánea.

Charles Schorre, un artista que ha enseñado y vivido en Houston desde 1948, está representado en FotoFest por sus fotocollages. En manos de él, el fotocollage une, de modo espontáneo y evocador, la fotografía, la pintura, el dibujo y los medios de imprimir positivos. Los fotocollages de Schorre, que son parte integrante de su carrera como artista, reciben el mismo reconocimiento que sus lienzos en numerosas exhibiciones individuales y de grupo en Nueva York, California y Texas. La exhibición de Meredith Long & Company durante FotoFest continúa ese tributo a los fotocollages de Schorre. En las palabras de Joe Arredondo, ex director del MSC Forsyth Center Galleries de la Universidad Texas A&M, "El collage es un medio artístico estimulante y desafiante en manos de Charles Schorre. Con aspecto de ser espontáneos e inconexos, sus obras, sin embargo, implican una mezcla poderosa del conocimiento consciente e inconsciente tanto del artista como del espectador."

Al contrario de los fotocollages de Schorre, las fotografías de Mike Stude presentan imágenes abiertas y francas en color y en blanco y negro con poder documental. Las fotografías de Stude son exámenes conscientes de lugares específicos. "Fourth Ward Dying" (La muerte del cuarto distrito), por ejemplo, presenta unos detalles vivamente observados de la descomposición urbana de Houston.

Stude, quien ha estado fotografiando desde que recibió su primera cámara (una Kodak Brownie) a los ocho años de edad, ha aprendido el arte mayormente por su cuenta. Aunque ha participado en varios cursos de fotografía en el Museo de Bellas Artes y ha estado trabajando en este medio por más de 40 años, Stude, propietario de la estación radiotransmisora de música clásica KRTS, se consideraba hasta hace poco, un "aficionado" a la fotografía.

Durante su primera exhibición individual, como parte de Fotofest '90, sus fotografías en color y en blanco y negro llamaron mucho la atención. Basándose en sus viajes y su vida en Texas, sus fotografías documentan temas tan variados como la muralla de Berlín, su rancho ganadero en Falfurrias, Texas, y vistas de algunas escenas extraordinarias de Houston.

ALAIN CLEMENT NEW WORK

I have been very interested in the work of Anton Guilio Bragaglia and in his *Photographs of the Invisible*. His research in the immaterial led him to see reality as vibrations and to express the transcendental nature of the phenomenon of movement.

Like his, my work is concerned with penetrating the world's mysteries. My imagination, however, leads me to look into metaphysic secrets more than into scientific ones.

From the Unreal lead me to the Real
From Darkness lead me to Light
From Death lead me to Immortality
The Upanishads

To that extent, and I borrow a phrase from Barnett Newman, my work is "concerned with the Sublime. It is a Religious Art which through Symbols will catch the Basic Truth of Life." This vision of what art is or should be is a constant parameter in art history, and in that context I am only a link in the chain of artists and thinkers, like Duchamp, for example, who insisted on the importance of the artist as a parareligious leader in modern life.

In the past five or six years, I have included in my work images of Indian myths because I am attracted to the mysticism of that part of the world and because, with Joseph Campbell, I believe that myths are "reflections of the spiritual potentialities of many of us, and that, through contemplating these, we evoke their powers in our own lives."

Because of the similarity between the meditative state and the frame of mind of a warrior, the image of the warrior plays an important role in the landscape of my work. It is very possible, however, that I will discard the image of the warrior to show only the warrior's vision instead of showing him seeing.

When the Spirit does no work
with the hand, there is no Art...
Leonardo Da Vinci

Alain Clement

PANABASIS • ALLAN JANUS

I took up photography twenty years ago after failing, like Atget, as an actor. If I preferred the darkroom to the stage, and sheep and dogs to other actors, it may be that I sensed that landscape was as capable of conveying the dramatic unities as Death of a Salesman, or at the very least, The Fantasticks. I had an interest in nineteenth-century photog-raphy, and for a time I photographed sweating tourists in Civil War uniforms or hoop skirts in tintype studios at Harpers Ferry and at the Smithsonian. After a couple of years of that, I gave up the portraiture of humans for that of beasts. Goats, I found, were more photogenic than tourists; geese were rather more cooperative. Recently, I've allowed the odd person to appear in a picture from time to time, but my interest remains the landscape of Genesis at the end of the fifth day.

Allan Janus
1991

PANABASIS • ALLAN JANUS

Me inicié en la fotografía hace veinte años después de fracasar como actor, al igual que Atget. Si opté por el cuarto oscuro en vez del escenario y por las ovejas y los perros en vez de otros actores, puede ser porque tuve la sensación de que el paisaje tenía tanta capacidad para representar las uniones dramáticas de La muerte de un viajero o, por lo menos de los Fantasticks. Estaba interesado en la fotografía del siglo XIX y durante una época fotografié turistas sudorosos en uniformes de la Guerra Civil o faldas con miriñaque en estudios de ferrotipos de Harpers Ferry y en el Instituto Smithsoniano. Después de transcurridos unos años, renuncié a retratar seres humanos para dedicarme al retrato de animales. Descubrí que las cabras eran más fotogénicas que los turistas y los gansos colaboraban mucho más. Recientemente he dejado que personas de aspecto curioso aparezcan en algunas fotografías de vez en cuando, pero mi interés sigue centrándose en el paisaje de Génesis al final del quinto día.

Allan Janus
1991

CHRISTOPHER MAKOS: ICON PORTFOLIO

Born in Lowell, Massachusetts, Christopher Makos grew up in California before moving to Paris to study architecture and later to work as an apprentice with Man Ray. Since the early seventies, Makos has worked at developing a style of boldly graphic photojournalism. His works have been displayed in numerous exhibitions in galleries and museums throughout the United States, Europe, and Japan and have appeared in magazines and newspapers worldwide. Makos is a seminal figure in New York's contemporary art scene.

Makos has produced two books. *White Trash* (Stonehill Publishing Company) documents the pre-punk club scene in New York City; *Warhol* - A chronicles his close friendship and extensive travels with Andy Warhol. Henry Geldzahler, former curator of contemporary art at the Metropolitan Museum of Art in New York City, writes in the introduction to the latter book: "It is a great asset in Chris Makos' photographs that they reveal new and unfamiliar faces of the legendary pop figure, Andy Warhol."

It was Warhol who called Makos "the most modern photographer in America." Makos' photographs have been published in Interview, Rolling Stone, House and Garden, Connoisseur, New York Magazine, Esquire and People, among others. His portrait of Warhol wrapped in a flag was featured on the cover of the spring 1990 issue of Smithsonian Studies, the academic journal of the Smithsonian Institute.

PEOPLE, PLACES, AND THINGS • JIM HICKS

Photography is the medium that enables Jim Hicks to capture his perceptions and reflections and allows him to evolve and involve himself with life. This exhibition deals with traditional photographic themes: people, places, and things.

People, as seen by Hicks during the past decade, span all economic sectors of society. Famous faces include Martha Graham, Duane Hanson, Paloma Picasso, Andy Warhol, Robert Rauschenberg, and others Hicks encountered as official photographer for the San Antonio Museum Association. Contrasting photos are from his more recent adventures in Mexico.

Photographs from his trips to Mexico, to the more formal settings of Versailles, and scenes from folk environments in the United States are in the *Places* section of the exhibit.

The third category, *Things,* is for your eyes only.

Jim Hicks currently lives and works in McAllen, Texas. After many years of serving in the United States Air Force, working for the San Antonio Museum Association, and owning a free-lance studio in Houston, Hicks decided to share his experience by teaching photography in the Rio Grande valley. This allows him time to explore his perceptions of life and its adventures.

R. E. Fluhr

GENTE, LUGARES Y COSAS • JIM HICKS

La fotografía es el medio que permite a Jim Hicks capturar sus percepciones y reflexiones, y que le permite evolucionar e involucrarse en la vida. Esta exhibición trata de temas tradicionales: la gente, los lugares y las cosas.

La gente, tal como las percibió Hicks durante la década pasada, abarca todos los sectores económicos de la sociedad. Los personajes famosos incluyen Martha Graham, Duane Hanson, Paloma Picasso, Andy Warhol, Robert Rauschenberg, y otros que Hicks conoció al ser el fotógrafo oficial de la Asociación del Museo de San Antonio. Las fotos contrastantes son de sus aventuras más recientes en México.

Las fotografías de sus viajes a México, así como las escenas de Versalles y de los ambientes de pueblo de Estados Unidos se encuentran en la sección *Los lugares* de la exhibición.

La tercera categoría: *Las cosas,* es sólo para ojos suyos.

En la actualidad, Jim Hicks vive y trabaja en McAllen, Texas. Después de haber servido muchos años en la Fuerza Aérea de Estados Unidos, y de trabajar con la Asociación del Museo de San Antonio y como propietario de su propio estudio en Houston, Hicks decidió compartir sus experiencias enseñando fotografía en el Valle del Río Grande. Esto le da tiempo para explorar sus percepciones de la vida y sus aventuras.

R. E. Fluhr

LEO TOUCHET: NEW ORLEANS JAZZ FUNERALS

New Orleans Jazz Funerals is a reflection of life, revealing the passions and philosophies of the living as well as the departed. Funerals, which are arranged according to the wishes of the deceased, are, above all, a tribute to life rather than a concession to death.

This document of New Orleans jazz funerals consists of three groups of photographs: the *Spectators*, the *Funerals and Processions*, and the *Second Lines*.

The *Spectators* line the streets waiting for the funeral procession. As the procession travels through a neighborhood, it gathers more and more people, who form a supporting cast which sometimes numbers in the thousands. They gather to vicariously sample "a happening" and join in behind the procession.

The *Funerals and Processions* to the church are a communion of souls. They are open demonstrations of an abiding faith in God and His judgment.

The *Second Lines* follow the bands. Leaving the cemetery, the mood switches to one of unleashed emotions expressed in dance and music.

This exhibition consists of photographs selected from several New Orleans jazz funerals from 1969 through 1972. Jazz funerals in New Orleans are an ever-changing phenomenon. These photographs document funerals during the period when the Black Power Movement was at its peak, conveying the pride of the participants.

New Orleans Jazz Funerals shows the sadness and dignity, the pride and humility, the stillness and motion, the silence and the music of the jazz funeral and the people who are a part of them

Leo Touchet was born in Louisiana in 1939. He has been photographing since 1965. His work has appeared in many national and international publications such as *Life, Time, Newsweek* and *The New York Times.* He has photographed in more than fifty foreign countries, and his work has been exhibited in museums and galleries throughout the U.S.

Work by Leo Touchet is also being exhibited at Butera's Medical Center and West Alabama locations.

HOUSTON: A PHOTOGRAPHIC PORTRAIT, 1930s-1940s • BOB AND MARVIN BAILEY

This exhibit of photographs, taken in Houston during the thirties and forties by commercial photographers Bob and Marvin Bailey, contains more than 100 images of major landmarks, events, and public figures of the period. The exhibit serves as a reminder of the changes that have taken place in Houston over the past half-century and evokes a feeling of life in Houston during a period of national depression and world war.

These images detail many aspects of Houston's oil, agricultural, and mercantile economy, and they give us glimpses of the city's war efforts and developing nightlife.

Over the decades the Baileys have captured literally thousands of images of the changing face of Houston. This exhibit is but a sample of their vision.

Herman Detering

HOUSTON: UN RETRATO FOTOGRÁFICO DE LAS DÉCADAS DE 1930 Y 1940 • BOB Y MARVIN BAILEY

Esta exposición de fotografías, tomadas en Houston durante las décadas 30 y 40 por los fotógrafos comerciales Bob y Marvin Bailey, consta de más de 100 imágenes de hitos importantes, acontecimientos y figuras públicas de ese período. La exposición sirve como recordatorio de los cambios que se han llevado a cabo en Houston durante los últimos cincuenta años y evoca una idea de lo que era la vida en Houston durante una época de depresión nacional y guerra mundial.

Estas imágenes describen con detalle muchos aspectos de la economía petrolera, agrícola y mercantil de Houston y nos proporcionan vistas fugaces de las actividades de guerra y la creciente vida nocturna de la ciudad.

En el transcurso de los años, los Bailey han captado miles de imágenes de la cara cambiante de Houston. Esta exposición sólo constituye una muestra de su visión.

Herman Detering

THE HAWKINS-ST. MARY COLLECTION

The Hawkins-St. Mary Collection is a permanent and continual exhibit of photographs that document more than a decade of The Ensemble Theater's productions. The collection is dedicated in memory of The Ensemble Theater's founder and artistic director, George Hawkins.

When Jeffery St. Mary began donating time and resources in 1980 to record on film a visual archive of The Ensemble Theater's productions, he photographed live performances at the popular African American theater, using high-speed film with existing stage lighting. St. Mary captured the dramatic essence of scenes from plays that laugh, cry, sing, and dance with the beauty of the African American experience. The color and black-and-white photographs range in size from 8x10 to 30x40 inches.

Most of the prints were initially created for publicity purposes. But, as the collection grew, it became evident that one of the finest treats for patrons of The Ensemble was a photographic recollection of plays from years gone by. This poster-sized exhibit has added to the beauty of the theater and has been enjoyed by theater-goers for the past decade.

In 1988, photographs from the collection were exhibited for the first time as part of FotoFest. Jeffery St. Mary's work was featured in the group exhibit, *Five Contemporary Black Houston Photographers*, with the photographs of Louise Martin, Earlie Hudnall, Geary Broadnax, and Raymond Groscrand at Barnes-Blackman Galleries.

More than sixty-five prints from the Hawkins-St. Mary Collection are on display.

COLECCIÓN HAWKINS-ST. MARY

La Colección Hawkins-St. Mary es una exhibición de fotografías que documentan más de una década de producciones teatrales del Teatro Ensemble. La colección es una exhibición permanente y continua y se ha dedicado a la memoria del fundador y director artístico del Teatro Ensemble, George Hawkins.

Cuando en 1980, Jeffery St. Mary empezó a donar sus recursos y su tiempo para capturar en película un archivo visual de las producciones históricas del Teatro Ensemble, él fotografió las representaciones en vivo del popular teatro afroamericano, usando película de alta velocidad con la iluminación escénica existente. St. Mary capturó la esencia dramática de escenas de obras teatrales que ríen, lloran, cantan, y bailan con la belleza de la experiencia afroamericana. Las fotografías, en color y en blanco y negro, varían en tamaño de 8x10 a 30x40 pulgadas.

La mayoría de las fotografías fueron tomadas originalmente para fines de publicidad. Sin embargo, al ir creciendo la colección, pasó a ser evidente que lo mejor que se podía hacer para los patrocinadores del Teatro Ensemble era un recuerdo fotográfico de las obras teatrales de los años anteriores. Esta exhibición de tamaño cartel, ha contribuido a la belleza del teatro y ha sido disfrutada por aficionados al teatro por más de una década.

En 1988, fotografías de la colección fueron exhibidas por primera vez como parte de FotoFest. Las obras de Jeffery St. Mary fueron destacadas como parte de la exposición en grupo llamada *Cinco fotógrafos negros contemporáneos de Houston*, junto con las fotografías de Louise Martin, Earlie Hudnall, Geary Broadnax y Raymond Groscrand en la Barnes-Blackman Galleries.

La colección Hawkins-St. Mary tiene más de 65 impresiones en exhibición.

TAFOS: TALLERES DE FOTOGRAFÍA SOCIAL

TAFOS — the Social Photography Studios, work at graphically documenting their social reality and through diverse communication activities in the pictures they produce. The studios evolve from base organizations that elect one of their members as a photographer. The organizations are mining unions, rural communities, and associations in marginal urban neighborhoods, which currently form eight studios that bring together nearly sixty popular photographers; the studios are located in Morococha and La Oroya (Junín), Ribera del Río and San Marcos (Lima), Cuzco and Canas (Cuzco), Ayaviri and Pucará (Puno).

These collectives enable different groups of people to have access to modern techniques with which they can develop their culture and identity, so that their traditions are not interrupted but incorporated into the vast world of visual possibilities available today.

Thus, from working out of the Studios, each member develops not only as a photographer of the people but works in different forms of communication (mural newspapers and exhibitions) to promote the development of the organization. In addition, the photographs are being used increasingly as an incentive for discussion and education and also as evidence to denounce deeds, aside from forming a graphic archive of the peoples of Peru.

Therefore, photographs from the Studios are a group of images based on the peculiar situation in which the person who takes the picture and the one who appears in it belong to the same economic, social, and cultural environment. This is quite common where access to the world of photography is very difficult for the majority of the people.

TAFOS—Social Photography Studios

This exhibition is sponsored by Texas Commission on the Arts.

TAFOS: TALLERES DE FOTOGRAFÍA SOCIAL

Los Talleres de Fotografía Social trabajan en la documentación gráfica de su realidad social y en diversas actividades de comunicación con las fotos que producen. Surgen en relación a organizaciones de base, que eligen a alguno de sus miembros como fotógrafo. Tales organizaciones son sindicatos mineros, comunidades campesinas y asociaciones en barrios urbano-marginales, que actualmente conforman ocho Talleres en Morococha y La Oroya (Junín), Ribera del Río y San Marcos (Lima), Cuzco y Canas (Cuzco), Ayavirí y Pucará (Puno), agrupando en total a cerca de 60 fotógrafos populares.

Este trabajo fotográfico colectivo posibilita que diferentes grupos de la población accedan a técnicas modernas con las cuales desarrollan su cultura y su identidad, de manera que su tradición no se interrumpe, sino que ella es incorporada junto con el amplio mundo de posibilidades visuales que existen en la actualidad.

Así, en el trabajo de los Talleres, cada uno de sus miembros se va formando no sólo como fotógrafo popular, sino que trabaja diferentes formas de comunicación de su organización. Por otro lado, y crecientemente, las fotos se usan como incentivo para la discusión y la educación y también como pruebas para denunciar hechos, además de formar un gran archivo gráfico sobre el mundo popular peruano.

Entonces, las fotos de los Talleres son un conjunto de imágenes basadas en la peculiar situación de que el sujeto que capta la fotografía y quien aparece en ella pertenecen a un mismo ambiente cultural, social y económico. Esto es corriente en nuestro medio, donde el acceso al mundo de la fotografía es muy difícil para la mayor parte de la población.

TAFOS—Talleres de Fotografía Social

DUALITIES: THE MYTHIC REALM • R. T. NASSBERG AND R. K. DICKSON

These works by R. T. Nassberg and R. K. Dickson confront the dualities explored by each of the artists. In the aggregate, the images reconcile and oppose the duality of vision evident in the work of two representational photographers, each of whom explores the relationship between a particular visual reality and the unspoken impulse that commands it.

For nearly twenty years, Nassberg's work has explored the ambiguous relationship between his subjects' visual statements of identity and their objective reality.

Although Susan Sontag holds that "there is something predatory in the act of photography," Nassberg accomplishes a co-conspiratorial consensus with his subjects, engaging them in the theater of their minds as they grapple with the pronounced norms of society. His images demand of the viewer an analytical and comparative response as his subjects concede to that mythic norm, whether by adoption or calculated deviation. As has been said in a similar context, his images are intended to "foil a quick reading."

Nassberg's images pursue these dualities with compassion and acceptance. Those recorded in the series are making a statement and Nassberg, without comment or judgment, has noted it and passed it along.

Dickson prefers the eight-by-ten camera and expresses his images in traditional monochrome materials. Many of Dickson's images ostensibly are landscapes, and they compel respect in that context by establishing a bridge to the inner landscape of the artist and viewer. The images thus become a point of departure for the realization of elements beyond the immediate subject, encouraging personal reflection and affirmation.

In his exploration of form, Dickson seeks to penetrate to an understanding of formlessness and the connection of all things. His images are both a tool and a record of that exploration.

DUALIDADES: UN REINO MÍTICO • R. T. NASSBERG AND R. K. DICKSON

Estas obras de R. T. Nassberg y R. K. Dickson abordan las dualidades exploradas por cada uno de los artistas. En conjunto, las imágenes reconcilian y oponen la dualidad de visión que es obvia en el trabajo de dos fotógrafos figurativos, cada uno de los cuales explora la relación entre una realidad visual en particular y el impulso no expresado que la domina.

Durante casi veinte años, el trabajo de Nassberg ha investigado la relación ambigua que existe entre los enunciados visuales de la identidad que tienen sus sujetos y la realidad objetiva de los mismos.

Aunque Susan Sontag sostiene que "la acción de fotografiar tiene ciertas características predatorias," Nassberg logra establecer una relación consensual de tipo misterioso con sus sujetos, haciéndolos actuar en el teatro de sus mentes a medida que luchan con las normas establecidas de la sociedad. Sus imágenes exigen una respuesta analítica y comparativa del observador ya que sus sujetos ceden ante esa norma mítica, ya sea por adopción o por divergencia calculada. Como se ha dicho en un contexto parecido, sus imágenes tienen por objeto "contrarrestar una lectura rápida."

Las imágenes de Nassberg buscan afanosamente estas dualidades con compasión y aceptación. Aquellas que están registradas en la serie realizan un planteamiento y Nassberg, sin hacer comentarios ni abrir juicio, lo ha observado y proyectado.

Dickson prefiere la cámara de ocho por diez y expresa sus imágenes en materiales monocromáticos tradicionales. Muchas de las imágenes de Dickson son paisajes manifiestos y exigen respeto en ese marco por medio de un puente que sirve para llegar al paisaje interno del artista y observador. De ese modo las imágenes se convierten en un punto de partida para la comprensión de aquellos elementos que están más allá del objeto inmediato, instando a la reflexión y afirmación personal.

En su exploración de las formas, Dickson busca llegar a un entendimiento de la falta de formas y la conexión de todas las cosas. Sus imágenes son tanto una herramienta como un registro de esa exploración.

JILL HARTLEY: A POLISH STORY

Sometimes the surfaces of Jill Hartley's photographs seem to have been breathed on, to be fogged the way breath fogs glass. Oddly weightless, immaterial, in moody black and white that could vanish in an instant in sunlight and currents of air, they are steeped in history scarred by war but rich in faith, in that watchword that has come to mean Poland, solidarity.

Curious how this native Californian, born in 1950 (a painter and filmmaker before she came to photography in 1975), would leave the land of sun for Europe's gray-domed sky. Her first trip to Poland—with many to follow over the next decade—was in 1977; she has made her home in Paris since 1984.

The transient, aerated quality is part of the character of place that Hartley so movingly conveys, suggesting incipient loss in a parade of faces closed against further suffering, or transported to a spiritual plane melancholia cannot reach. In her pictures, spontaneity is a deeply held value—the glance of the schoolgirl, the street vendor's gesture, the priest proffering the host to a believer—used like a thread to strengthen and tighten the tactility of memory.

Hartley clearly is photographing people and places she loves, and that love extends to the medium itself. She practices allegiance to a type of picturemaking that has its predecessors in Cartier-Bresson's *Images à la Sauvette*,

Frank's *Americans*, or perhaps the work of Ralph Eugene Meatyard, a genre that remains vital today. Its formal and anecdotal rewards derive from pleasure in sketching an order in time now gone, and here the muffled sound of its collapse still lingers in the air: in her white geese, pony and trap, curtains billowing from a train window, pilgrims in a forest glade.

Throughout, the reserve and intimacy in these emotional pictures is palpable, rendering an eerie transcendent beauty of a world familiar yet foreign, a Poland of the present fading to past.

Nan Richardson

JILL HARTLEY: UNA HISTORIA POLACA

A veces parece que alguien hubiera respirado en las superficies de las fotografías de Jill Hartley, ya que tienen ese aspecto empañado que deja la respiración sobre un cristal. Con una estrambótica ingravidez, inmaterialismo y un blanco y negro taciturno que podría desaparecer en un instante al ser expuestos a la luz solar y a corrientes de aire, las fotografías están impregnadas con una historia muy marcada por la guerra aunque con abundante fé en esa palabra de consigna que se ha convertido en el equivalente de Polonia: solidaridad.

Es curioso cómo esta persona oriunda de California, donde nació en 1950 (pintora y cineasta antes de volcarse a la fotografía en 1975), abandona estas tierras por las de Europa. Ha viajado muchas veces a Polonia

desde 1977, y desde 1984, vive en París.

La característica transitoria y aireada forma parte del carácter del lugar que Hartley transmite de manera tan conmovedora, sugiriendo una pérdida incipiente en un desfile de caras bloqueadas contra mayores sufrimientos, o transportadas a un plano espiritual donde no puede llegar la melancolía. En sus fotografías, la espontaneidad es un valor que viene muy de adentro y que utiliza como una hebra para fortalecer y ajustar la cualidad tangible que tiene la memoria.

Con claridad Hartley fotografía gente y lugares que ama, y ese amor se manifiesta. Demuestra su lealtad a un tipo de creación fotográfica que tiene antecesores como Cartier-Bresson, Frank o quizás, de Ralph Eugene Meatyard, un género que sigue siendo

vital en la actualidad. Sus recompensas formales y anecdóticas provienen del placer que encuentra en esbozar un orden de una época ya desaparecida y aquí el sonido apagado de su derrumbe todavía está presente en el aire: en sus gansos blancos, los caballitos y adornos de caballerías, las cortinas ondulantes de una ventanilla de tren, los peregrinos en el claro de un bosque.

En todas estas fotografías se puede palpar el carácter reservado e íntimo de las emociones que presentan con una belleza trascendental y misteriosa de un mundo familiar que aun así es desconocido y extraño, una Polonia de la actualidad que se esfuma hacia el pasado.

Nan Richardson

HANS STAARTJES: TELEVISIONARY MANIFESTO

Hans Staartjes was born in Aruba, The Netherlands Antilles, in 1957. He grew up in Colombia, South America, and received a bachelor's degree in English and philosophy from Birmingham University in Britain. After extensive experience as a color printer in a photographic lab in London, he moved to Houston in 1982. He is now both an art photographer and a professional photographer specializing in corporate and editorial work.

This exhibition presents a new series of images derived from television and video with which Staartjes creates gestural forms and richly textured surfaces. Working with Polaroid transfer materials allows abstraction, manipulation, and distortion of the original images. With this process, Staartjes appropriates and juxtaposes images from disparate sources, combining aspects of photography with printmaking. The physical layering of images becomes the pictorial equivalent of free association, and the end result is a multiple interpretation of meaning.

Staartjes is interested in the hero-creating and myth-making mandate of televised images: actors, athletes, and military, political, and religious figures. This work arises from the artist's ambivalence about our post-industrialized and electronic age and its impact on the environment. The subversion of appropriated images by the artist produces a curious effect of nostalgic optimism and a celebration of the absurd.

HANS STAARTJES: MANIFIESTO TELEVISIONARIO

Hans Staartjes nació en Aruba, Antillas Holandesas, en 1957. Se crió en Colombia, Sudamérica, y recibió su licenciatura en inglés y filosofía de la Universidad de Birmingham en Inglaterra. Después de mucha experiencia como especialista en impresiones fotográficas a colores en un laboratorio fotográfico de Londres, se mudó a Houston en 1982. En la actualidad, es tanto fotógrafo artístico como fotógrafo profesional, especializándose en trabajos corporativos y editoriales.

Esta exhibición presenta una nueva serie de imágenes derivadas de la televisión y del video, con la cual Staartjes crea formas gesticulares y superficies de suntuosa textura. Él trabaja con materiales de transferencia Polaroid, que permiten la abstracción, manipulación y distorsión de las imágenes originales. Con este proceso, Staartjes se apropia de y yuxtapone imágenes de fuentes dispares, combinando aspectos de la fotografía con la impresión. La acumulación física de capas de imágenes pasa a ser el equivalente pictórico de la libre asociación, y el resultado final es una interpretación múltiple del significado.

Staartjes está interesado en el mandato que crea héroes y mitos de las imágenes en televisión: actores, atletas y personajes militares, políticos y religiosos. Esta obra surge de la ambigüedad del artista acerca de la edad postindustrial y electrónica, y el impacto que ésta tiene sobre el medio ambiente. La subversión de imágenes apropiadas por el artista produce un efecto curioso de optimismo nostálgico y una celebración de lo absurdo.

VEILED SPIRIT • PAT HORNER

Photographing for thirty years, Pat Horner has used her own images as well as appropriated imagery, fabric, string, cellophane, graphite, paint, and other materials in these collages, as she moved away from the traditional "pure" photography taught in art and graduate schools. Bringing photography into the fine arts has been her pursuit from the start, which was at a time when much of photography was confined to design or commercial uses. Horner's new work is a sometimes humorous look at society and politics, but behind the humor is a serious description of an unjust situation. Horner credits Man Ray, Moholy-Nagy, and the Russian constructivists for their influence.

Horner's works range in size from ten inches to ten feet and most are constructed on paper or canvas.

She has lived in Paris most of the past year, and earlier in Houston, New York, and Minneapolis. She has exhibited her work many times, and it is included in permanent collections.

Her work, according to Sharon Schroeder (Artviews, Minneapolis, December 1986) "is one of symbolism and subtlety."

Her photo collages are visual metaphors constructed "with a careful selection of subject matter exploring the isolation, separation and relationships between woman/man and nature," said Jim Dozier (Film in the Cities, St. Paul, May 1986).

Nancy Roth (Artpaper, Minneapolis, May 1986) said, "her works share a surrealistic—dreamlike, irrational—flavor that invariably results when photographic images are deliberately engineered. They seem to expand beyond the confines of the wholly personal, and take images of historical, scientific, sociological—in a word, of external—significances into account."

To Horner, life is "fragmented and artificial; so inventing a new world and language in her art is a way of dealing with the metaphysical, inconstant aspects of reality. Horner transforms them into complete photographic forms, inventing her own new—like no other—world and language," according to V. Pavlova (Soviet Photo, Moscow, August 1990).

Pat Horner's exhibition, The Color of Light, can be seen at the Magnolia Ballroom.

TEXAS ON A ROLL

Texas On A Roll - Images of Texas by Texas Photographers is an exhibition of color and black-and-white photographs by members of the Houston, Dallas, and Austin chapters of the American Society of Magazine Photographers (ASMP). The exhibition reflects the best of contemporary editorial, corporate, and advertising work by some of the most creative professional photographers in the Lone Star State.

Prints in the exhibition have been selected from a newly published book of the same name, which contains 189 images by eighty-nine Texas photographers. The book, designed by Lowell Williams Graphic Design of Houston and published by Thomasson-Grant, was produced with funding by Eastman Kodak Company.

TEXAS ON A ROLL

Texas On A Roll - Imágenes de Texas por fotógrafos texanos es una exposición de fotografías en color y en blanco y negro que pertenecen a miembros de las organizaciones locales de Houston, Dallas y Austin de la Sociedad Americana de Fotógrafos de Revistas (ASMP). La exposición refleja lo mejor en materia de trabajos editoriales, empresariales y publicitarios realizados por los fotógrafos profesionales de mayor creatividad del estado de Texas.

Las fotografías de la exposición fueron seleccionadas de un libro recientemente publicado que lleva el mismo título y que contiene 189 imágenes de 89 fotógrafos texanos. El libro, diseñado por Lowell Williams Graphic Design de Houston y publicado por Thomasson-Grant, fue publicado con fondos de la Eastman Kodak Company.

COLLABORATION: LEE CRUM, PHOTOGRAPHER; THOMAS MANN, JEWELER; STEPHEN JOHN PHILLIPS, PHOTOGRAPHER

Thomas Mann is known for his techno-romantic style of jewelry that incorporates photographs with other materials. Until recently, this incorporation was limited to vintage photos; now Mann is working with contemporary photographers, designing with them and their work.

By logical extension, the jewelry has grown to become decorative wall pieces in which full-size instead of contact-size or small prints are used, the jewelry now being the model for the larger piece and the two shown together.

During FotoFest, Stephen John Philips of Baltimore and Lee Crum of New Orleans are exhibiting with Mann.

AN INSIDE LOOK AT RUSSIA AND THE U.S.

In this first exchange between a U.S. newspaper and the Russian news agency, TASS, Craig H. Hartley of the Houston Post and Albert Pushkarev of Fotokhronika TASS lived and worked in each other's home and country. Over a period of five to six weeks, both photojournalists created a series of images that give the viewer an inside look at Russia and the United States.

This unique exchange program was conceived by Geary Broadnax at the Houston Post, Fred Baldwin of FotoFest, and Natalya Yermilina, Assignments Editor of Fotokhronika TASS. The program was first envisioned during the 1990 FotoFest when Yermilina toured the Houston Post. After more than a year of hard work and long-distance communications, the program was a great success.

Hartley photographed May Day and Victory Day at Red Square, a manned space launch at the Baikonur Cosmodrome; he visited homes, shops, churches, schools, and hospitals throughout Russia during his 40-day stay. It was a tremendous and exhausting experience; one that gave him insight into the wonderful hospitality and openness of the Russian people.

For his part, Pushkarev photographed Fourth of July festivities in Houston, the Johnson Space Center, scenes around Austin, a rodeo, hospitals, police crime scenes, areas of wealth and poverty, shops, and ballet during his four weeks in Texas and an additional week in New York.

Both Hartley and Pushkarev are veteran photojournalists with a deep interest in their countries' space programs. Hartley has photographed space shuttle launches for the Houston Post during the past ten years, and Pushkarev is a 20-year veteran specializing in the Soviet space program.

The show touches only briefly on space hardware. Each photojournalist concentrates instead on the events that constitute everyday life, giving us a special insight into how a Soviet citizen views America and how an American views the Soviet Union.

VISIÓN INTERNA DE RUSIA Y ESTADOS UNIDOS

Craig H. Hartley, del Houston Post vivió y trabajó en el hogar y país de Alberto Pushkarev de TASS Fotokhronica; éste, a su vez, hizo lo mismo, en el primer intercambio entre un periódico estadounidense y la agencia rusa de fotos TASS. Durante una temporada de cinco a seis semanas, ambos fotoperiodistas sacaron una serie de imágenes que ofrecen una visión interna de Rusia y de Estados Unidos.

Este programa único de intercambio fue concebido por Geary Broadnax del Houston Post, Fred Baldwin de FotoFest y Natalya Yermelina, redactora en jefe de asignaciones de TASS Fotokhronika. La idea primero surgió en 1990 durante FotoFest, cuando Yermelina visitó el Houston Post. Depués de un año de intenso trabajo y llamadas telefónicas de larga distancia, el intercambio fue un gran éxito.

Hartley sacó fotos de festividades del Día de Mayo y de la Victoria en la Plaza Roja y del lanzamiento de un cohete espacial en el cosmódromo Baikonur. Durante su visita de cuarenta días, fotografió hogares, tiendas, iglesias, escuelas, y hospitales de Rusia. Fue una experiencia extraordinaria y agotadora, la cual le permitió captar la amabilidad y franqueza del pueblo ruso.

Por su parte, durante cuatro semanas en Texas y una semana en Nueva York, Pushkarev sacó fotos de los festejos del cuatro de Julio en Houston, del Centro Espacial Johnson, paisajes alrededor de Austin, un rodeo, hospitales, escenas de crímenes e investigaciones policiacas, áreas de riqueza y de pobreza, tiendas, y el ballet.

Hartley y Pushkarev son fotoperiodistas veteranos con un profundo interés en los programas espaciales de sus respectivos países. Durante los últimos diez años, Hartley ha fotografiado lanzamientos del transbordador espacial para el Houston Post. Pushkarev lleva 20 años especializándose en el programa espacial soviético.

Sin embargo, esta exposición toca sólo brevemente el tema espacial. Cada fotoperiodista se ha concentrado más bien en los eventos cotidianos, dándonos una visión única de cómo un soviético ve a Estados Unidos y cómo un estadounidense ve a la Unión Soviética.

BOB WADE: ROOFTOP INSTALLATION

In the 1973 Whitney Museum Annual in New York, Bob Wade exhibited an eight-by-ten-foot photo emulsion on canvas titled *Waco Boys*. It was an enlargement of a photo that was given to Wade by the people in the picture: four men and two women circa 1963 in typical western attire. They are holding a seven-foot-long rattlesnake and a variety of machine guns. Another version of the *Waco Boys*, which traveled the U.S.A. for two years in the Western States Biennial, now hangs in the office of Ann Richards, the governor of Texas.

Wade's continual use of cowboys, cowgirls, and other indigenous images of the southwest comes from his background of growing up around Texas-size roadside culture and border town manifestations. He has created numerous outdoor projects including the *Giant Iguana* that was erected at Art Park in 1978, and the forty-foot-long urethane and steel sculpture that was installed on the roof of the Lone Star Cafe in New York City. The lizard became a landmark, and it led Wade to do other rooftop works around the U.S.A.. It seemed fitting to Wade to construct a "rooftop-sculptural-photo-installation" for FotoFest.

By teaming up with Mike Young of Chuy's restaurants, Wade located the right site for an outdoor work—three giant Mexican revolutionaries: Pancho Villa and his generals, sporting sombreros, crossed bullet belts and of course guns, who appear to be guarding Chuy's. According to Wade, they "join in with the rest of Houston's roadside culture—high and kitsch."

Like other Wade vintage photo blow-ups, the generals 1913 image is color enhanced by airbrushing layers of acrylic onto the surface, and in this project it is cut out and mounted.

Bob Wade has received three National Endowment for the Arts fellowships, and has shown his work at biennials in this country and in France. His work is owned in Europe by the Beaubourg, Gronniger, and The Royal Palace—Monaco. The artist's work is in numerous collections in the U.S. including Chase Manhattan, The Menil, Museum of Fine Arts Houston, and the State Capital Building of New Mexico. Wade lives in Tesuque, New Mexico.

LYNN BUTLER: CONEY ISLAND KALEIDOSCOPE • MARC PEVERELLI: POLOGRAPHIES

With the use of color and movement depicted in her photographs, Lynn Butler shows continuous change in landscapes and in society. Views of life as it is today are prevalent in her work: the beauty of the photographic technique is juxtaposed with images of decay, which creates homage to a grandeur now perceived only in relics. The photographs capture a moment in time useful for history and memory. The permanence of Coney Island is real, but illusion has parted reality. The crowds, their diversity, and their moods are captured in an impressionistic image. To create mystery, details must be left to the imagination.

"Lynn Hyman Butler's appraoch to the beach, boardwalk, amusement areas, and people who make up the 'Coney Island Experience' through the idiosyncratic use of her kinetic camera work is totally unique. With color, movement, and ambiguous focus, she produces a Coney Island of the mind. The work is painterly, reminding one of Regional Marsh in shape and turbulence."

Barbara Head Millstein
Associate Curator/Photography, The Brooklyn Museum

Marc Peverelli, a photographer from Lyon, France, uses Polaroid film in a creative process he calls "Polographie." These images are from a group of one-of-a-kind photos. The work is unlike traditional photography, which permits an infinite number of reproductions.

Polographies are the result of various studies and research on the image undergoing the passage of time. The choice of situations, of characters, objects, and of their colors and textures contributes to the manipulation of this reconstructed reality. It represents a preconceived universe. Pre-visualization has occurred, and the work has been titled even before the camera is in place.

LYNN BUTLER: CONEY ISLAND KALEIDOSCOPE • MARC PEVERELLI: POLOGRAPHIES

Mediante los colores y el movimiento que se ven representados en sus fotografías, Lynn Butler demuestra un cambio continuo en los paisajes y la sociedad. Vistas de la vida de hoy en día predominan en sus obras: la belleza de la técnica fotográfica se yuxtapone a las imágenes de descomposición, lo cual crea un homenaje a una grandeza que ahora se percibe sólo en las reliquias. Las fotografías captan unos segundos del tiempo fugaz, útiles para la historia y la memoria. La permanencia de Coney Island es verdadera, pero la ilusión ha separado la realidad. Se ha captado, en una imagen impresionista, a la muchedumbre, su diversidad, y su diversos humores. Para crear algo misterioso, se tienen que dejar los detalles a la imaginación.

"La manera en que Lynn Hyman Butler ve las playas, los paseos de tablas de madera, las zonas de diversión y la gente que forman parte de la 'Experiencia de Coney Island', a través del uso idiosincrásico de su trabajo cinético de cámara, es totalmente singular. Con colores, movimiento y un enfoque ambiguo, ella produce el Coney Island de la mente. La obra es artística, haciendo recordar las de Regional Marsh en forma y turbulencia."

Barbara Head Millstein
Curadora Asociada de Fotografía, The Brooklyn Museum

Marc Peverelli, un fotógrafo de Lyon, Francia, usa película Polaroid en un proceso creador que denomina "Polographie" [Polografía]. Estas imágenes son de un grupo de fotografías de las cuales sólo existe una de cada una. El trabajo no se asemeja a la fotografía tradicional, lo que permite un número inacabable de reproducciones.

Las "Polographies" resultan de varios estudios e investigaciones acerca de la imagen que sufre el pasar del tiempo. La selección de situaciones, personas, objetos, y sus colores y texturas contribuyen a la manipulación de esa realidad reconstruida. Representa un universo preconcebido. Ha ocurrido la previsualización y la obra es titulada antes de que la cámara haya sido colocada en su lugar.

LYNN HYMAN BUTLER

Coney Island Kaleidoscope

WITHIN/WITHOUT • EXTRACTS FROM THE 16MM ANIMATED FILM • BENITA RAPHAN

My photographs are stills from short abstract films. Those in the FotoFest exhibition are from my second and current film, *Within/Without,* which I am making in Bourgogne, France. *Within/Without* is a film about a man's relationship to the home he grew up in and the objects that have surrounded him all his life.

In 1986 I completed my first collage film, *The Immediate Subject,* the story of a man's life in England during the Industrial Revolution, interspersed with flashbacks of an idealized love affair in his homeland. The film is an abstract portrayal, depicted in animated sequences, of his vision.

Professionally, I work as an art director in Paris. I began making fine-art films while getting my master's degree in fine arts at the Royal College of Art in London in 1986.

Benita Raphan

This exhibition is sponsored by the Arts Council of Great Britain and Fabienne Martin, Agence Fam, Paris.

BENITA RAPHAN

Mis fotografías son vistas fijas sacadas de películas abstractas cortas. Las que forman parte de la exposición FotoFest son de mi segunda y actual película, llamada *Within/Without* (Adentro/Afuera), que estoy filmando en Bourgogne, Francia. *Within/Without* es una película sobre la relación de un hombre con el hogar en donde se crió y los objetos que lo han rodeado toda su vida.

En 1986, completé mi primera película de collages, titulada *The Immediate Subject* (El tema inmediato), el relato de la vida de un hombre en Inglaterra durante la Revolución Industrial, intercalado con escenas retrospectivas de un amorío idealizado en su madre patria. La película pinta una versión abstracta de su visión, representada en secuencias animadas.

Profesionalmente, trabajo como directora de artes en París. Empecé a filmar películas de bellas artes mientras estudiaba para la Maestría en Bellas Artes en el Royal College of Art de Londres en 1986.

Esta exhibición es patrocinada por el Consejo de Artes de Gran Bretaña.

Outside it was a beautiful day. The sky was white white, and a fog lay heavily just above the ground. Everything was damp.

DANIEL ARON: PHOTOS OF PARIS AND ELSEWHERE

My time had run out.

I had studied political science and law for years and could not in good conscience stay in school even longer to learn photography.

For a long while, passion for my art had to serve as my portfolio. Thus, my early career was quite difficult.

As a young photographer, I took my first credits in *Vogue, Elle,* and *Jardin des Modes* as precious signs of encouragement.

Extensive journeys to far-off countries introduced me to some fabulous and exotic marketplaces that happened to be the best school for *nature morte.* My work became more and more balanced between *nature morte* and portraits. Finally the portfolio was built up. It helped me achieve a measure of success in the advertising world in both the U.S. and Europe. It also enabled me to paper one wall of my office with prints, clippings, and awards—pleasant to look at and reassuring to clients, it seems.

Today my work is oriented toward subjects that I hope might be published in books or shown in exhibitions.

Daniel Aron

DANIEL ARON: FOTOS DE PARÍS Y DE OTROS LADOS

Se me había acabado el tiempo.

Había estudiado ciencias políticas y leyes por muchos años y ya no podía, con toda conciencia, quedarme más tiempo en la universidad para estudiar fotografía.

Por mucho tiempo, la pasión por el arte tuvo que servir como mi portafolio. Por lo tanto, mi carrera temprana fue bastante difícil.

Como fotógrafo joven, tomé las primeras credenciales técnicas que recibí de *Vogue, Elle* y *Jardin des Modes,* como indicaciones inapreciables de seguir adelante.

Unos viajes extensos a países lejanos me introdujeron a algunos mercados exóticos y fabulosos que acabaron siendo la mejor instrucción posible en *la naturaleza muerta.* Mis obras se equilibraron más y más entre *la naturaleza muerta* y los retratos. Con el tiempo, se fue armando el portafolio. Esto me ayudó a lograr cierta medida de éxito en el mundo publicitario tanto en Estados Unidos como en Europa. También me permitió empapelar una pared de mi oficina con fotos, recortes y premios—que dan gusto ver y que parecen tranquilizar a mis clientes.

Hoy en día, mi labor se orienta más hacia temas que espero sean publicados en libros o puestos en exhibición.

Daniel Aron

ROBERTO G. FERNÁNDEZ: FOTOGRAFÍAS PENDIENTES • GORY: AUSENCIAS

The photographs Gory takes are not of this world–they are of another land, another universe, intimately linked to his previous life; they are a personal interpretation of reality, loaded with criticism, a sense of humor, and a profound longing. The chemical toners he uses to make his prints create special colors, which make us feel that the objects, places, and people he portrays belong to another era, as if they were old ruins. Thus, Gory's photographs show us the modern ruins which we inhabit.

Rogelio López Marín was born in Havana, Cuba, in 1953, and after a brief and successful career as a painter, he decided his vocation would be photography. He received an award at the first Biennial of Havana.

Ausencias (Absences) is a series of images that have an atmosphere of loss, a nostalgia of something being snuffed out.

Juan Carlos García
Curator: Cristina Kahlo, México, D.F.

Fotografías pendientes had its starting point when I looked at a photograph I had left hanging on a rope to dry when the printing process was completed. Unfortunately, I don't remember which photograph it was.

Since that moment, I had the idea of relating objects from my daily life or my own family with some "pending photographs" (which can't be shown because they lack merit or a message, but which one shoots, nevertheless, in the hope of capturing something interesting).

On other occasions, I constructed the scene by starting with an external object and subsequently creating the complementary photograph.

The result of this group of *Pending Photographs* is a series of images that represents a trip along a tightrope. Once I started this project, I couldn't go back. I hope to reach the other end of the rope. I have lost the sense of where I am now, and I've just noticed that I didn't put a net under myself.

Robert G. Fernández

ROBERTO G. FERNÁNDEZ: FOTOGRAFÍAS PENDIENTES • GORY: AUSENCIAS

Las fotografías de Gory no son de este mundo, son de otro país, de otro universo, íntimamente ligado a su vida interior; son una interpretación personal de la realidad, cargada de crítica, sentido del humor, y una profunda añoranza. El viraje químico que utiliza en sus impresiones crea colores muy especiales que nos dan la sensación de que los objetos, lugares, y personajes que retrata pertenecen a otra época, como si fueran viejas ruinas. Así las fotografías de Gory nos muestran las modernas ruinas en que vivimos y habitamos cotidianamente.

Rogelio López Marín nació en La Habana, Cuba, en 1953 y después de una corta pero exitosa carrera como pintor define su vocación por la fotografía, resultando premiado en la primera Bienal de La Habana.

Ausencias es una serie de imágenes con atmósfera de pérdida, con la nostalgia de algo que se extingue.

Juan Carlos García
Curadora: Cristina Kahlo, México D.F.

Fotografías pendientes tuvo su comienzo al observar una fotografía que dejé colgada en una cuerda para que se secara una vez terminado el proceso de impresión. Desafortunadamente, no recuerdo qué fotografía era.

Desde ese momento, tuve la idea de relacionar, con objetos de mi vida cotidiana o con mi propia familia, algunas "fotografías pendientes" (aquéllas que no se pueden exhibir por falta de mérito propio o que carecen de un mensaje, pero que sin embargo uno toma con la esperanza de captar algo interesante).

En otras ocasiones he construido el escenario empezando por un objeto externo y creando después la fotografía complementaria.

El resultado de este grupo de *Fotografías pendientes* es una serie de imágenes que representa el paso por una cuerda floja. Una vez empezado mi proyecto ya no podía retroceder. Espero alcanzar el otro extremo de la cuerda. Perdí la noción de dónde me encuentro ahora y me acabo de dar cuenta que no puse una red por debajo.

Roberto G. Fernandez

ROBERTO G. FERNÁNDEZ

from the series Fotografías pendientes

OTHER WAYS

The world we live in is a complex place. We function in an environment surprisingly full of color, shape, and activity. Media, technology, and growth contribute to this full palette, as does the necessity to visualize, to imagine, and to interact with equally complex human beings. For the aware, every day is an adventure.

We cannot, however, be universally and completely aware. To do so could result in a blown fuse. So we all decide, consciously or unconsciously, what to perceive. This week we can ignore environmental warnings or used car ads; we don't even know the color of our neighbor's house.

Photographic artists, then, decide to create images that show people what they already see, what they do not wish to see, or what they cannot see.

Through the use of nontraditional photo-graphic processes and a special insight, the artists included in this exhibition have created images that address all three of these aspects.

Their photographs bring together components of daily life and then add a twist, a manipulation or combination, to create an image (or sometimes a reality) that broadens the scope of our current collective vision.

OTROS ASPECTOS

El mundo en que vivimos es un lugar complejo. Funcionamos en un ambiente sorprendentemente lleno de color, forma y actividad. Los medios de publicidad, la tecnología y el crecimiento contribuyen a esta paleta llena, como lo hace la necesidad de visualizar, de imaginar y de interaccionar con los seres humanos igualmente complejos. Para la persona consciente, cada día es una aventura.

Sin embargo, no podemos, estar universal y completamente conscientes. Si así fuera quemaríamos los fusibles. Así que todos decidimos, consciente o inconscientemente, lo que vamos a percibir. Esta semana podemos ignorar las advertencias sobre el medio ambiente o los anuncios de venta de automóviles de segunda mano; ni siquiera sabemos el color de la casa de nuestro vecino.

Entonces, los artistas fotográficos deciden crear imágenes que muestran a la gente lo que ellos ya ven, lo que no quieren ver o lo que no pueden ver.

Con el uso de procesos fotográficos no tradicionales y una perspicacia especial, los artistas incluidos en esta exhibición han creado imágenes que se refieren a estos tres aspectos.

Sus fotografías unen los componentes de la vida cotidiana y luego le agregan una torcidita imprevista, una manipulación o combinación para crear una imagen (o a veces una realidad) que amplía el alcance de nuestra visión colectiva en el presente.

CRIS STRONG: SAME, SAME, BUT DIFFERENT • PHOTOGRAPHS OF INDIA AND PAKISTAN

India, the subcontinent of Asia, is the home of one of the world's great civilizations--its social structure of today may be traced back thousands of years. Empires of great size and complexity existed here. Even today India is as much a country of diversities as of unities. Partition in 1947, which resulted in the independence of Pakistan, had its roots in the deeply religious beliefs of the people thus divided. India's majority follow Hinduism, while Pakistan is the home of an almost exclusively Islamic people. The two nations' similarities are obvious, but closer inspection of their religious beliefs reveals the distinctions. Hinduism is celebrated in hundreds of festivals honoring the many shapes and forms of its supreme being. The Indian people reflect this in their colorful dress, jewelry, makeup, and behavior. For Pakistanis, Islam is the nation's binding force. The muezzins' call to prayer from the minarets of the mosques, the men bowed in prayer in the fields, shops, and airports, the veiled women in the streets—all are constant reminders of the Pakistanis' devotion and religious fervor. Their shyness and reserved manner is evident. Without question, both nations have given me a chance to understand humankind and our ability to stand up for what we believe, religious or otherwise. Nations are born on the strength of individuals with a common belief. Although no single religion plays a dominant role in my life, this documentation has given me the energy to follow through in many aspects of my daily life. Of equal importance, this study has enabled me to respect religion, the rituals, and the people who practice them.

Cris Strong

CRIS STRONG: IGUAL, IGUAL, PERO DIFERENTE • FOTOGRAFÍAS DE LA INDIA Y PAKISTÁN

La India, el subcontinente asiático, constituye el lar de una de las grandes civilizaciones del mundo–su estructura social de hoy en día se puede remontar a miles de años. Allí existieron imperios de gran tamaño y complejidad. Aún hoy, la India es tanto un país de diversidad como uno de unidad. La partición de 1947, que resultó en la independencia de Pakistán, tuvo sus raíces en las profundas creencias religiosas de la gente así dividida. La mayoría de la población de la India es hindú, mientras que Pakistán es el hogar de un pueblo casi exclusivamente islámico. Las similitudes entre las dos naciones son obvias, pero un examen más detallado de sus creencias religiosas, revela las diferencias. El Hinduismo se celebra con centenares de festivales que honran las muchas formas y estados de su ser supremo. La gente de la India refleja eso en sus coloridas vestimentas, joyas, maquillaje y comportamiento. Para los pakistaníes, el Islam es la fuerza que une a la nación. El llamado al rezo por el almuecín desde los minaretes de las mezquitas, los hombres que rezan con cabezas inclinadas en los campos, las tiendas y los aeropuertos, las mujeres cubiertas con velos en las calles—todos hacen recordar la constante devoción y fervor religioso de los pakistaníes. Su timidez y modales reservados son evidentes. Sin duda alguna, ambas naciones me han dado la oportunidad de comprender al ser humano y la habilidad que tenemos de defender lo que creemos, sea religioso o no. Las naciones nacen de la fuerza de los individuos que tienen una creencia en común. Si bien ninguna religión predomina en mi vida, esta documentación me ha dado la energía de seguir adelante en varios aspectos de mi vida cotidiana y de igual importancia, este estudio me ha permitido respetar la religión, los ritos y la gente que los practica.

Cris Strong

RAFFAELE PANCINI / PHILIPPE SALAÜN

Raffaele Pancini currently lives and works in Piacenza in his native Italy. Born in 1949, he completed medical studies before turning to photography, an interest he describes as "my first love."

Pancini's photographs have had as their major recent focus images of the animal world that suggest the intricate relationships between man and beast. Angelo Schwarz of the Accademia di Belle Arti (Venice) described the photographs as offering a "new way of looking at animals...[one that stresses] an approach departing from both popular images and scientific illustrations" (*Fotopratica*, June 1989).

Pancini's work is included in major museum collections in Belgium, Switzerland, and Italy. He has exhibited in major European cities, and his work has been published in *Stern*, *La Fotographica*, *FotoScandinavia*, and in other major photographic journals.

Philippe Salaün, born in 1943 in Plonevez-du-Faou, France, has been a studio assistant for masters of photography, including J.C. DeWolf in Paris and Komaro Koshino in Japan. He opened his own photographic studio to specialize in high-quality black-and-white printing, an aspect of photography in which he is considered a leading technician.

The artist describes his method as using "the simplest photographic techniques to record different situations of everyday life, situations which are comic, absurd, poetic, or disquieting." The subjective element of the resulting photographs is the displacement of the subjects from their wider, or "real," contexts. "The documentary mind," he says, "does not interest me."

Salaün has exhibited in the United States and Europe. His photographs are included in museum collections, including those of the Stedelijk Museum (Amsterdam), the Prentkabinet (Leiden), and the Musée Cantini (Marseilles). Photographs by Salaün have been published in Japan, England, Italy, Germany, France, and the United States. In 1980, after receiving a grant from La Fondation Nationale de la Photographie, Salaün came to the United States to practice his art at the Center for Creative Photography of the University of Arizona at Tucson.

RAFFAELE PANCINI / PHILIPPE SALAÜN

En la actualidad Raffaele Pancini vive y trabaja en Piacenza, Italia, su madre patria, donde nació en 1949 y terminó sus estudios de medicina antes de dedicarse a la fotografía, un interés al que describe como "su primer amor."

Recientemente, las fotografías de Pancini han tenido como motivo principal imágenes del mundo animal que sugieren las complicadas relaciones entre el hombre y la bestia. Angelo Schwarz de la Accademia di Belle Arti de Venecia describe las fotografías como que ofrecen una "manera nueva de ver a los animales...[una que recalca] un enfoque que se separa tanto de las imágenes populares como de las ilustraciones científicas" (*Fotopractica*, junio de 1989).

El trabajo de Pancini forma parte de las principales colecciones de museos de Bélgica, Suiza e Italia. Ha realizado exposiciones en las ciudades más importantes de Europa y su labor ha aparecido en publicaciones tales como *Stern*, *La Fotographica*, *FotoScandinavia* y otras revistas conocidas de fotografía.

Philippe Salaün, quien nació en Plonevez-du-Faou, Francia, en 1943, se desempeñó como asistente de estudio de maestros de la fotografía, incluso J.C. DeWolf de París y Komaro Koshino de Japón. Inauguró su propio estudio fotográfico y se especializó en fotografías en blanco y negro de alta calidad, un aspecto de la fotografía en el que se lo considera una autoridad.

El artista describe su método como "la utilización de la más sencilla de las técnicas fotográficas para registrar distintas situaciones de la vida diaria, situaciones que son cómicas, absurdas, poéticas o perturbantes."

Salaün ha realizado exposiciones en Estados Unidos y Europa. Sus fotografías pueden encontrarse en colecciones de museos, incluso el Stedelijk Museum de Amsterdam, el Prentkabinet de Leiden y el Musée Cantini de Marsella. Las fotografías de Salaün se han publicado en Japón, Inglaterra, Italia, Alemania, Francia y Estados Unidos. En 1980, después de recibir una beca de *La Fondation Nationale de la Photographie*, Salaün vino a Estados Unidos a ejercer su arte en el Centro para la Fotografía Creativa de la Universidad de Arizona en Tucson.

PHILIPPE SALAÜN

Fantastic Voyages

In celebration of the quincentennial of Christopher Columbus's voyage to the New World, this exhibition examines voyages of another kind–those made via the camera. Often without ever leaving their studios, the artists travel through time and space to sites both real and imagined.

Ruth Thorne-Thomsen creates landscapes of the mind through composite printing. In his studio, Bill Frazier constructs dioramas of famous locales, paints them with vivid color, photographs them, and calls the series *Simu-lations*. French-born, Houston-based Alain Clement utilizes the photogram to create mural-sized images of ancient civilizations. The Spanish photographer Jorge Ribalta produces *mis en scène* scenarios of travels on mysterious ships through uncharted waters. Working in Texas, Chilean photographer Guillermo Peñafiel combines negatives to make large-scale works that are truly voyages through the mind. Barbara Kasten visits mystical locations throughout the world, then lights them with magical color to produce images unlike any places we know.

This exhibition is held in conjunction with Galveston's Mardi Gras celebration which this year salutes Spain and the joining of Europe and the Americas through Columbus's explorations under the Spanish flag.

Clint Willour
Curator

Viajes fantásticos

Para celebrar el quingentésimo aniversario del viaje de Cristóbal Colón y el descubrimiento del Nuevo Mundo, esta exposición examina viajes de otro tipo: aquellos hechos por medio de la cámara. A menudo, sin alejarse de sus estudios, los artistas viajan a través del tiempo y el espacio a sitios que son tanto reales como imaginarios.

Ruth Thorne-Thomsen crea paisajes de la mente mediante la impresión de compuestos. En su estudio, Bill Frazier construye dioramas de lugares famosos, los pinta con colores vivos para luego fotografiarlos y llamarlos *Simulations* (Simulacros). Alain Clement, un artista francés que vive en Houston, utiliza el fotograma para crear imágenes de las civilizaciones antiguas que tienen el tamaño de murales. El fotógrafo español Jorge Ribalta produce *mis en scène*, situaciones de viajes realizados en barcos misteriosos a través de mares que no figuran en los mapas. El fotógrafo chileno Guillermo Peñafiel, quien trabaja en Texas, combina negativos para realizar obras a gran escala que son verdaderos viajes por la mente. Barbara Kasten visita lugares místicos del mundo y luego los ilumina con colores mágicos para producir imágenes que no se parecen a ningún lugar conocido.

Esta exposición se realiza en combinación con la celebración de *Mardi Gras* (Carnaval) de Galveston, que este año honra a España y la unión de Europa y las Américas a través de las exploraciones de Colón bajo bandera española.

Clint Willour
Curador

DAVID H. GIBSON

David H. Gibson's first exhibition of photographs was held at the Eastman Kodak Marketing Education Center in Rochester, New York, in January 1990. Until this exhibition, Gibson had done his work for himself, unknown even to many of his close friends. For more than twenty-five years, he worked quietly, learning the craft of printing by experimenting in the darkroom and attending workshops led by photographers such as Ansel Adams, Bruce Barnbaum, Paul Caponigro, Jay Dusard, Michael Kenna, and John Sexton.

Gibson is a landscape photographer in the classic sense. Occasionally he will approach an architectural subject. His photographs are of places in Texas, New Mexico, Arizona, Utah, Colorado, England, France, and Spain, places he revisits time and again. He works long hours in his darkroom to give each image the content that originally attracted him to it. Many of Gibson's most recent photographs are panoramas, a result of his enthusiasm for the elongated format that reproduces how one's eye perceives the landscape.

As Janet Kutner, art critic for the *Dallas Morning News*, wrote, "Mr. Gibson's pictures have a strong spiritual quality; they evoke a sense of solitude that invites contemplation. Yet they cannot accurately be described as serene. On the contrary, some images are as haunting as a recurring dream, others almost painfully poetic."

Since his first exhibition at Kodak, Gibson has had one-person shows at Valley House Gallery in Dallas, at Central State University Museum of Art in Edmond, Oklahoma, and at The Wichita Center for the Arts in Wichita, Kansas. In October 1992 his photographs will be seen at the Griffith Gallery at Steven F. Austin State University in Nacogdoches, Texas.

DAVID H. GIBSON

La primera exposición de fotografías de David H. Gibson se celebró en el Centro de Educación Comercial de Eastman Kodak de Rochester, Nueva York, en enero de 1990. Hasta entonces, Gibson había trabajado para sí mismo y su labor era desconocida hasta por sus amigos más íntimos. Durante más de veinticinco años, trabajó silenciosamente, aprendiendo el arte del revelado de copias positivas haciendo experimentos en el cuarto oscuro y asistiendo a talleres o cursillos dictados por fotógrafos tales como Ansel Adams, Bruce Barnbaum, Paul Caponigro, Jay Dusard, Michael Kenna y John Sexton.

Gibson es un fotógrafo paisajista en el sentido clásico. Alguna que otra vez se ocupa de algún tema arquitectónico. En sus fotografías aparecen lugares de Texas, Nuevo México, Arizona, Utah, Colorado, Inglaterra, Francia y España, lugares que vuelve a visitar una y otra vez. Trabaja muchas horas en su cuarto oscuro a fin de dar a cada una de las imágenes el contenido que originalmente lo atrajo. Muchas de las fotografías más recientes de David son panoramas, el resultado de su entusiasmo por la forma alargada que reproduce la manera en que nuestro ojo percibe el paisaje.

Según Janet Kutner, crítica de arte del *Dallas Morning News*: "Las fotografías del Sr. Gibson poseen una cualidad espiritual; ponderosa las mismas evocan una sensación de soledad que invita a la contemplación. No obstante, no se las puede describir exactamente como serenas. Al contrario, algunas de las imágenes son tan perturbadoras como un sueño recurrente, otras son casi dolorosamente poéticas."

Desde la realización de su primera exposición en Kodak, Gibson ha efectuado exhibiciones individuales en Valley House Gallery de Dallas, en el Museo de Arte de Central State University de Edmond, Oklahoma y en el Centro de las Artes de Wichita, en Wichita, Kansas. En octubre de 1992 se podrán ver sus fotografías en Griffith Gallery en la Universidad Estatal Stephen F. Austin de Nacogdoches, Texas.

Eight years ago Luciano Benetton and I spoke about creating an image for a global company known for its use of color. "The company is dynamic." We sought to express this. We brainstormed. "Benetton is all over the world. It started with colors." We put this together. Luciano Benetton is not an image man but he said the words and I put them into images. Our ads communicate an image and make people think about world problems at the same time. Advertising is an effective vehicle for social change. Oliviero Toscani, Photographer

FOTOFEST 1992

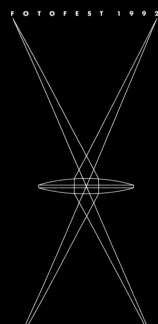

Houston FotoFest gratefully acknowledges the generous support and assistance from our Sponsors, Friends of FotoFest, Contributors, Supporters, and Volunteers, and all the participating galleries, museums, art spaces, and institutions, with special thanks to Professional Imaging of Eastman Kodak Company.

SPONSORS

GOLD
Professional Imaging
    of Eastman Kodak Company

SILVER
British Airways
Continental Airlines, Inc.

BRONZE
The Houston Post
Randall's Food Markets, Inc.
Texas Commerce Bancshares, Inc.

PROGRAM SPONSORS

Affiniti Travel
American Photo
Bank One, Texas, NA
Browning-Ferris Industries, Inc.
Deloitte & Touche
Houston Coca-Cola Bottling Co.
Leica Camera, Inc.
Olympus Corporation
PENTAX Corporation
The Photographic Arts Center
Proler International Corp.
Southwestern Camera

EXHIBITION SPONSORS

Aero Mexico
Air France
British Arts Council
Goethe-Institut, Houston
KLM Royal Dutch Airlines
Kulkoni, Inc.
The Netherlands Office for Fine Arts,
    The Ministry of Health, Welfare, and
    Culture
Siderca Corporation
United Colors of Benetton

MEDIA SPONSORS

KIKK 95.7 FM
KLDE Oldies 94.5
KPRC-TV Channel 2
KRIV-TV Fox 26
KRTS 92FM
KUHF 88.7FM
KXLN TV 45
KXYZ Radio 13
Patrick Media
Storer Cable Communications
SUNNY 99.1
Warner Cable
Y98.5 FM

OTHER SPONSORS

Access Houston
Characters & One Works
Chroma Copy International
Ilford Photo Corp.
Imperial Sugar Company
JMB Properties
National Convenience Stores
Texaco U.S.A.
Varig Brazilian Airlines
Weiner's Stores

FOUNDATIONS

The Anchorage Foundation
Blaffer Foundation
The Brown Foundation
The Cullen Foundation
Cultural Arts Council of Houston
James R. Dougherty Jr. Foundation
Englehard Foundation
The Endowment Fund of the Jewish
    Community of Houston
Enron Foundation
The Favrot Fund
The Greentree Fund
Houston Endowment, Inc.
Harris and Eliza Kempner Fund
Texas Commission for the Arts
The Meadows Foundation
The Powell Foundation
The Samuels Foundation
C. Ray Todd Charitable Trust
Trust for Mutual Understanding
The Vaughan Foundation
The Webber Foundation
Weems Foundation
Abe and Rae Weingarten Fund
The Wortham Foundation
Margaret Cullinan Wray Charitable Lead
    Annnuity Trust

FRIENDS OF FOTOFEST

Jorge and Veronica Albin
Joan Alexander
Nancy Allen
Stanford and Joan Alexander
Marie Fay Evnochides
Clare Glassell
Michael Heath
Jim Maloney
Alexandra Marshall
Nancy Powell Moore
Joe S. and Marion Mundy
Jeffrey R. Newport
Carey Shuart

FRIENDS OF FOTOFEST
PHOTOGRAPHERS

Gwen Akin & Allan Ludwig
Roswell Angier
Richard Baron
Derek Bennett
Jerry Berndt
Dick Blair
Gay Block
Enrico Bossan
Rutger ten Broeke
Peter Brown
Edward Burtynsky
Bob Busking
Ellen Carey
Keith Carter
Lucien Clergue
Patsy Cravens
Dennis Darling
William Edgerton
Wendy Ewald
Will Faller
Joan Fontcuberta
Helmut Gernsheim
Bruce Gilden
Franke Gohlke
Craig Hartley
Fritz Henle
Paul Hester
Thomas Hoepker
Paul den Hollander
Eikoh Hosoe
Joseph Jachna
Sunil Janah
Jan Jastrzebski
Rafaelo Kazalea
Rob Kendrick
E.F. Kitchen
Ferne Koch
Paul Kuntz
Cay Lang
Louis Lanzano
Tuija Lindstrom
Hans Malmberg
MANUAL (Suzanne Bloom
     & Ed Hill)
Mary Ellen Mark
Mayto
Margaret Moore

Andreas Mueller-Pohle
Hans Namuth
Ikko Narahara
Warren Neidich
Bea Nettles
Floris Neusüss
Patrick D. Pagnano
Marc Roboud
Barbra Riley
Michael Ruetz
Linn Sage
Philippe Salaün
Danny Samuel
Enzo Sellerio
Jim Stone
David Strick
Valerio Tazetti
Gwen Thomas
George Tice
Giancarlo Tovo
Pedro Vasquez
Jacques Vilet
Casey Williams
Rick Williams
Geoff Winningham
Bill Wright

CORPORATE CONTRIBUTORS

8.0 Restaurant
A Fare Extraordinaire
Air France
Algemene Bank Nederland, N.V.
Alley Theater
American Airlines
American Society of Magazine
     Photographers
American General Corporation
Angelique Photographic Studios
Art Institute of Houston
Atlanta Photography Group
Avant Electronics
Boehm Design Associates
Brennan's Restaurant
Britanny Blake Interiors
Brown & Root U.S.A., Inc.
Cadillac Bar
Cafe Annie
Camberg Jewelers
Canon

Carriage Limousine
Cattleguard Restaurant
Chevron U.S.A., Inc.
D & D Photo
Dee Photography
Earthman Funeral
Easterly & Company
Esther Wolfe
Evans and Wood & Co., Inc.
Executive Sweets
Fauds Restaurant
Finisher's Supply
Fitness Warehouse
Ford Bankston
Frank Comiskey Agency, Inc.
Fuji Photo Film Brazil
Galleria Center Association
Gambrinus Importing Co., Inc.
Genoc Vinyards
Goode Company Barbeque
Guest Quarters
Gulf Publishing Company
Gypsy Lair
Harris Gallery
Hay Inc.
Hines Development
Hot Tops
House of Coleman
House of Coffee Beans, Inc.
Houston Chronicle
Houston Grand Opera
Houston Independent School
     District
Houston General Insurance
     Company
The Houstonian
Hunan on Post Oak
Imperial Holly Corporation
Innova Design Center
Isabel Gerhart
I Hill Photography
J R Designs
Jack's on Woodway
James Coney Island
Jason's Deli
Jayre
Jobar Camera Center
Keith Blair & Associates
Kelly-Moore Paint

Kugler Studios
La Strada Restaurant
Leslie & Co.
Lifeco Travel Services
The Light Factory Photographic
     Arts Center
Lillie Rubin
Lord & Taylor
Lost Cities
Lynn Goode Gallery
M Allen Clothier
Macy's
Marshall Field
Maurice Levit Jewelry
Mayer, Brown & Platt
Melange
Mockingbird Communications
Montague Photography
Montesano Restaurant
MS
Museum of Fine Arts, Houston
Museum District Development
     Association of Houston
National Press Photographers
     Association, Inc.
National Convenience Stores, Inc.
New Gallery
Nieman Marcus
Palm Restaurant
Patrick Lee Studios
Persona Fitness Studio
Personal Touch Limousine
Photo Eye Books
Physico
Polaroid Corporation
Post Oak Grill
Professional Photographers
     Guild, Inc. of Houston
Quality Beverage
R-Ushers
Ralph Rupley Furs
Rice Epicurean
Richard Peters' Furs
Rick Staudt Photography
Saks Fifth Avenue
San Francisco Camerawork, Inc.
Schieffelin & Somerset Shadow
     Creek Vinyards
SCRAP

Sensormatic Electronic
   Corporation
Ski Marketing Corporation
Sterling Jewelry & Distributing
   Company, Inc.
Stiles Jewelry
Stop N Go
Stuart Levy Gallery
Tejas Materials
Texas Commerce Bank
Tom Bailey Photographers
Tony's
Tootsies
Unique Hair Replacement
The Volunteer Center
Water World
Weil & Associates
Westin Hotel
Wilamy Creative Productions Ltd.
Worldwide Books
Zadak's Jewelry

INDIVIDUAL CONTRIBUTORS
Hon. Jack Abercia
Red Adair
Ryan Allworth
Gabriel Alonso
Elisa R. Alvarez
Nancy Ames
Kay Anderson
Michael F. Appel, M.D.
David and Susan Askanase
Tom Austin
Tom Bailey
Patsy R. Bailey
Jack Barclay
Karen Barfield
Mik Bayer
Deanna Echols Bell
Beverly Bennett
Fran Berg
John Berry
Linda Bertman
Sharon and Gary Binder
Ernest Blansfield
Jack and Laura Lee Blanton
Neal Block
Jack Blumenthal
Mary V. Boesch

Ann Bohnn
Ed Borgman
Janice Bosnick
Debi Bracken
Judith Bradley
David W. Branch
Harry Brand
Geary G. Broadnax
Ellen Brochstein
Maryann Brochstein
Donna J. Brooks
Mr. and Mrs. Pat Broussard
Martin Brown
Alan R. and Helen K. Buckwalter
Joy Butter
Phyllis Bywaters
Pamela Stacks Caillouet
Richard and Janet Caldwell
Bill & Mollie Cannady
Roel Cantú
Mary Kay Casey
Judith H. Chapman
Patricia Charnley
Lorraine Chess
John Cleary
Paul Clemenceau
Dr. Scott Coleman
Cath Conlon
Karen Cook
Carol Cossum
Dr. Steve Cotlar
Joann Crassas
Patsy Cravens
Mary Cravens
Carol Crow
Roy and Mary Cullen
Stewart Cureton Jr.
Kimberly Curry
Randolph Curson
Becky Damone
B.J. Ball Dauterive
Ronnie David
Robert J. DeMaio, M.D.
Deborah Detering
Herman E. Detering, III
Sharon A. DeVore
Mr. and Mrs. Chet Dickson
Ted and Lorraine Dinerstein
Herman Dobbs

Burch Downman
Kim H. Doyle
Shy Drori
Jeaneane Duncan
Sue Dunn
Gayle Dvorak
James B. Earthman
Blanche Earthman
Donald Ehmer
Juanita Elizondo
John and Danielle Ellis
Steve Evnochides
Marie Fay Evnochides
Carolyn Farb
Fran Faucett
Mark and Carol Fawcett
James Ferguson
Joan H. Fleming
Frederic and Betty Fleming
Richard Flowers
Greg Fortiq
R. Lynn Foster
Charles Foster
Monica H. Fowler
Eve France
Danielle Frankel
Jane Freeman
Hon. Gary L. Freeman
Barbara K. Friedman
Bonnie Fulbright
Carolyn Clause Garcia
Carol Gartsman
Alvin Gee
Harry and Diane Gendel
Gil Gertner
Harriet Rosmarin Gertner
Sue Giammalva
Hamp Gillespie
Charles and Lilly Gilmer
Miles Glaser
Anne-Elizabeth Glasscock
Clare Attwell Glassell
Joanne Goldstein
Rick Goncher
Linda Graham
Dane Grant
Jim Greenwood
Pat Guard
Michael Ann Guthrie

Liz Hagaman
Billye Halbouty
Mark Hall
Katherine Hall
Neal Hamil
Vince Hamilton
Phyllis Hand
Jerry and Winone Hart
Edith Hempel
Mark W. Henry
Mike Hill
Newton Hopkins
Richard Hosley
Christina Hudson
Ralph T. Hull
Jenny Hunnicut
Debora Hunter
Dr. John Hymen
Araz V. Inguilizian
Benny Itz
Deirdre Y. Johnson
Kathy Jones
Carolyn Jones
Mr. and Mrs. Norman Jones
John and Kezzie Kamp
Pat Kaplan
Jo Ruth Kaplan
Jean Karatkin
Walter and Chris Kase
Deborah Keener
Larry E. Kelly
Mr. and Mrs. John W. Kelsey
Mr. and Mrs. I.H. Kempner
Dr. and Mrs. Fred Kessler
Jerry Kissner
Ellen Kogen
Barney Kogen
Stacy Kogen
Irvin A. Kraft, M.D.
Shirley Kraft
David and Liz Lancaster
George Lancaster
Holly Lanier
Catherine Lanigan
Mark Larson
Hon. El Franco Lee
Rita Lee
Beth Lee
Karen Lerner

Louis and Beverly Lerner
Mark Levin
Mimi Mary Levine
Sherry Dubin Levy
Diana Levy
Mrs. Harry Licata
Hon. John Lindsay
Vivian Lipman
Dr. George Lipshy
Robert A. Loeser
Debra G. Loeser
Carolyn Lopez
Mr. and Mrs. Jeff Love
Don Lum
Vernelle Marcus
Sarah Ann Margulies
Barbara Markman
David and Nina Marsh
Nancy Martin
Jessica Massin
Albert Maverick, III
Sanford E. McCormick
Don B. McCrory
Dr. James P. McKinnley
Mary Hale McLean
Wavel McNish
Morris McRae
James R. Meadows
Pamela DeMarris Meadows
Dr. Afsa Meredith
Michael B. Miller
Jerry Miller
David M. Miller
Dr.& Mrs. Michael B. Miller
Elaine A. Mills
Antonio Mingaleone
Henry B. Mitchell
Mary Moffit
Phil Montgomery
Robert B. Morgan
Ronnie and Marcie Morgan
Shirley Morgan
Joan Morgenstern
Cesar Morin
Mr. and Mrs. S. I. Morris
Grayson L. Moss
Norma Myers
Joanne Naponic
Carlos Nava

Terrylin G. Neale
Lin Eckert Neese
Edna Meyer Nelson
Jeffrey R. Newport
Bern Newton
Judy Nichols
Wilma Wagner Nicodemus
Roy Nolen
Lillian Nunez
Susan and Roy O'Connor
Tom and Vivian O'Leary
Charles A. O'Neill, III
Ed and Susan Osterberg
Jane B. Owen
William C. Owens Jr.
Jimmy Palmer
Saundra Parker
Mike Patrick
John and Andrea Pavlas
Carlton Perry
Tom and Jan Phipps
Doc Phiroz
Stephanie Piperi
Sue Rowan Pittman
Mary L. Porter
Cassie Poulos
Jane Powell
Herman and Elaine Proler
Lynette G. Proler
Judy Pryor-Otto
William H. Quayle
Quinlin Quiros
Mr. and Mrs. Mark S. Rauch
Mark and Nancy Reichek
Susie Rhodes
Carlos and Barbara Rios
Earl Robbins
Lyn Robertson
Sherry Robinson
Linda Rogers
Dr. Pamela Roper
Mr. & Mrs. Donald M. Rose
Cindy Rose
Lance Rosmarin
Mickey Rosmarin
Karen Ruby
Janice Rudy
Helen R. Runnells
Dr. Ron Sandler

Mary Sanger
David Saperstien
Suzanne Saperstien
Louisa Sarofim
Mike Scalf
Marti Schlenker
Dr. Jimmy D. Schmidt
Steve Schroeder
Bob Schultz
Heidi Schulze
Charles W. Schwartz
Elizabeth Schwartz
Patricia Schwarz
Kenneth F. Schwenke
Phyllis Segal
Sharon Seligman
W.H. and Margaret W. Sharp
Carey Shuart
Marianne and Martin Shugrue
David Sladic
Debra Speilman
Mel Spiller
Jessie M. Stanford
Rick Staudt
Virginia Steppe
Roanne Stern
Jim Stevens
Robert Stillwell
Alexander and Robin Stuart
Janelle Swanson
Courtney Tartt
Carolyn H. Taylor
Tyler Todd
Hon. Victor Treviño
Martha Turner
Mr. and Mrs. Tony Vallone
Richard Vasen
David Waller
Danny Ward
Bill and Mary Watters
Mr. and Mrs. Temple Webber Jr.
Dr. Morris Weiner
Bobbie Weinstein
Kyle Weir
Herbert C. Wells
Ken and Gail Werneburg
Robert Westendarp
Heather Westendarp
Diane May Whaley

Richard and Sara White
Hon. Kathryn J. Whitmire
Erwin Wilbanks
Ben and Marion Wilcox
Carol Wilk
Linda Wise
Jim Wiseheart
Trish Witcher
Celia Witliff
Trent Wittenbach
Chancey Wofford
Mark Woods
Pamela Woodside
Cynthia Woodside
Linda Graham Wordsworth
Richard Wortham, III
Bill Wright
J. David Wright, M.D.
Steve M. Yamin
Maryanne Yamin
Lisa Young
Marvin Zindler
Harry A. Zuber
Sherri Zucker
Marsha Woody Zummo

SUPPORTERS / VOLUNTEERS
Nassar Al-Tell
Rebecca Alberg
Axel Albin
Aaron Altman
Marie Alvarez
Kim Andres
Lambert Arceneaux
Sharon Archer
Jeff Arnin
Susan Babendure
Hannah Baker
Edith Baker
Sedric Balkom
Jean Barbor
Chris Barber
Harvey Barber
Marla Barnard
Ellen Bartell
Kirk Baxter
Linda Bayham
Crosby Bean Jr.
Laura Bodenheimer

Ned Bosnick
Patricia Bothell
Susan Bourgain
Karen Boyd
Kathleen A. Boyd
Marcia Bradley
Kevin Brown
Martin S. Brown
Lori Bruning
Jacqueline Brunner
Bruce W. Bryant
George Buckow
Helen Buckwalter
Anna Lou Burton
Janet Caldwell
Carrie Callager
Reid Callanan
Alice M. Calverley
Bill and Ginny Camfield
Aldo Cantania
Suzanne Cardine
Diana Carney
Bob and Mary Kay Casey
Kathy Casey
Vikram Chandra
Robert Chavarria
Claude Choate
Brent Clanton
Elizabeth Clark
H.C. Clark
James R. Clark
Odin Clay
Kirsten Coco
Marian Coleman
Judy Comeau
John Conelly
Consulate Generals of
    Argentina
    Brazil
    Colombia
    Ecuador
    France
    Federal Republic
       of Germany
    Greece
    Guatemala
    Italy
    Mexico
    The Netherlands

    Peru
    Spain
    Sweden
    United Kingdon
    Venezuela
Christa Cooper
Kathy Corcoran
Laura Covington
Jan Cox
Liz Craig
Delores Crawford
Vicki A. Crimi
Dave Crossley
Mimi Crossley
Carol Crow
Jeffrey Cutler
Kathy Dalton
Laurel David
Robert F. Davidson
Cassie Davies
Barbara Davis
Bob Davison
Raymond H. DeMoulin
Louis Desiderio
Thomas S. DiGrazia
Paula Dittrick
Fan Dorman
Pat Douglas
Nancy Dukler
Carolyn B. Duncan
Jim Dunlap
Kim Dutton
Gary Easterly
Donald Ehmer
Peter and Lisa Emmet
Rhonda Enck
Mary Alice Escobedo
Judy Evans
Willie Mae Evans
Nancy Farmer
Romelia Favrot
Lore Feldman
Gail Ferdin
Jeannine Fields
Don Fitch
Linda Foot
Sally Forman
Terry Foss
Pam Francis

Denis Frank
Bill Frazier
J.D. French
Rolf Fricke
Barbara Frink
Scott Fuller
Dalis Furseth
Sarah Fyfe
Douglas R. Gale
Bryan Gann
Cindy Garbs
Margaret Garcia
Blanca Garcia
Gary Gerhart
Gregory Gerran
Jamshid Gnaeimi
Claire Giesen
Gaye Gilbert
Gabrielle Girard
Pam Glosserman
Debbie Goldgar
Judy Golley
Janie Goodwin
Don & Lainie Gordon
Leah Gordon
Joseph C. Graf
Sima Granmayeh
Kathy Graper
Kellye Gray
George Greanias
Terry Gutberlet
Richard Haas
Mike Hagan
Katherine Hall
Robert L. Hambleton
Todd Hamel
Sarah Hamill
Roberta Hammond
Paul Hansen
Jennifer Hansen
John Hansen
Jeanne Harris
Leonard Hart
Christin Hartung
Ana Recio Harvey
Michele Haus
Heidi Nasan Hawk
Joan Hays
Alicia Heintz

Scott Helma
Veronica Herrada
Phillip Herrera
Sandy Herring
Janet Hill
Mike Hill
Howard Hilliard
Barbara Hitchcock
Nancy Hock
Frank Holden
David Hooper
Adele Horne
Serena Horne
Clyde Hough
Shirley Houston
Paul Imhoff
Jay Isbell
Michael Jahn
Jan Jarolan
Glenda Joe
Bridgette Johnson
Leslie Johnson
Jessie J. Jones
Jeanette Jones
Yamini Joshi
Tammie Kahn
Bill Kappus
Annette Kaupp
Judean Keating
Katheryne Keating
Lucy Keeper
Susan Keil
Zanetta Kelley
Sherry Kempner
Victor Kendall
Margaret Kilgo
Mary King
Elizabeth Knapp
Barbara Kneisler
Nancy Knott
Karleen Koen
Paul Kuntz
Candy Kyle
Yvonne Lamb
Everett and Charlotte Land
Janet Landay
Melissa LaRose
Inge Larrey
Kenneth T. Lassiter

Alison Leach
Billie Jeanne Lebda
Julie Lee
Eve Lempert
Karen Lerner
Rusty Letterman
Linda Letzerich
Jim Levicki
Nancy Levicki
Sherry Dubin Levy
Stan Levy
Donna Lewis
Anne Lewis
Wendy Lewis
Donna G. Lewis
Ken Liberton
Vivian Lipman
Jack Livingston
Joe Livorsi
Mary Stark Love
Jane Lowery
Lyndon Loyd
Jeff Lungsford
Chris Magisano
Dorothy Mahan
Carlton Mahlmann
Brouke Maegher
Greg Mankiller
Charles Majka
Helen Mann
Jill Mardis
Mike and Mickey Marvins
Denise Massey
Pam Maxwell
Edward Mayo
Gary McCall
Rikie Kay McDaniels
Linda McDonald
Joe McGartha
Georgia McGlasson
Kevin McGowan
Kyle McIntire
Lola McIntosh
Mike and Muffy McLanahan
Ricardo Mejia
Patti Melton-Pieszchal
Diane Meredith
Gudrun Merrill
Katherine B. Miller

Mr. & Mrs. Henry Mitchell
Amelie Monk
Joan Montgomery
Phil Montgomery
Joe (Jake) Mooney
Betty Mooney
Trish Morelli
Jacel Morgan
Lorraine Morich
Elizabeth Morin
Roel Morin-Cantu
Ann R. Moscicki
Stephanie Murdoch
Claudette Y. Di Nal
W.O. "Bill" Neuhaus, III
Jennifer Neumann
Barbara Nickelson
Hank Nielsen
Karen Noll
Ara Nuyujukian
Rey Ocanas
Cavanaugh and Blanca O'Leary
Maggie Olvey
Ernie Ortiz
Lisa Ottman
Despo Papafote
Marjorie Parkerson
Robert T. Parrett
Marg Patterson
Yvette Payne
Mark A. Peebles
Mitch and Jane Pereski
Robert S. Persky
Cheryl Peters
Randy Peterson
Becky Phillips
Travis Pieffer
Joe Pogge
Jackie Pontello
Vanessa Porter
Houston Proud
Rossi A. Qajar
April Rapier
Rixon and Vicki Reed
Sally Reynolds
Cynthia Richards
Tom Robinson
Rick Roederer
Mary Belle Rogers

Joi Ross
Mike Ryan
Vince Ryan
Sarah St. John
Jeffrey St. Mary
Miri Sanchez
Key Sanders
Steve Sands
Marie Scanlin
Beth Schlanger
Rachel Schneider
Beth Schneider
Freddie Schneiderman
Margaret Schrader
Nancy Schuman
Lanni Senn
Sandy Sheehy
Todd Silberman
Sharon Simmons
Myra Simon
Cally Simpson
Martha Skow
Rick Smolan
Yolie Snyder
Andrew L. Solomon
Amy Spangler
Hans Staartjes
Jessie Stanford
Gordon W. Stanley, R.B.P.
Betina Stapp
Rita Starpattern
James Stevenson
Laura Manning Stokes
Elisabeth Stone
JoAnn Stone
Kay Stripling
M. Jane Strnadel
Theresa Strong
Michael Strong
Dennis Sullivan
Lawrence Swoaringen
Clarence Talley
Stephen de Tasnady
Alice Thomas
James Thomas Jr.
Martha Thomas
Alison Thorn
Pamella R. Thorne
Eleanor Tinsley

Gerard "Jordy" Tollett
Roger Tremblay
Joe Trevino
Adan Trevino
Pampa Trotti
Mike Tucker
Kathleen Twaddle
Randy Twaddle
Francisco Valle
Thelma A. Valle
Lilian Van Vranken
Alan Vaughan
Lee Vela
Gillermo Villareal
Joann Vincent
The Volunteer Center
Jenny Wakefield
David Waller
Christine Wang
Tracye Wear
Nicola Weems
Stephen Weil
Dr. Morris Weiner
Charles Weise
Marshall F. Wells
Marilyn Westheimer
Karen Westley
Pamela Whitehouse
Mayor Kathy Whitmire
Elmatha Wilder
Timothy Williams
Joanne Wilson
Anna Wingfield
Geoff Winningham
Trent Wittenbach
Julie Woodard
Andrea Wortham
Elena Cusi Wortham
Elena Flores Wortham
Erica Wortham
Ann Wright
Donna Wright
Jamie J. Wright
Peter Yenne
Sonia Yi
Bill Young
Erich Zieschang

GUSTAVO GILABERT

In June, 1991, while serving as a member of the International Organization of Journalists (Interpress) jury, I saw the exceptional work of Argentine photojournalist Gustavo Gilabert. The International Organization of Journalists, which is headquartered in Prague, Czechoslovakia, awards prizes annually to photojournalists from around the world.

Gilabert received two of the most important Interpress prizes for his outstanding essay on the cholera epidemic in Peru. He not only dealt with a dangerous situation with professional skill, but provided a compassionate and stylistically lyrical view of the people he photographed. Because the cholera victims were photographed in a way that preserves their dignity, the viewer is drawn closer to the people rather than being repulsed by the deadly disease and the conditions that cause the spread of the disease. This is a rare achievement even among the best of photojournalists.

With the support of my colleagues on the Interpress jury, which was composed of members from Argentina, Brazil, Czechoslovakia, Egypt, France, Hungary, Poland, U.S.A., and the former U.S.S.R., I decided it would be appropriate to bring Gustavo Gilabert to FotoFest so that others could see his work. The jury felt that Gilabert's talent, tenacity, professionalism, and courage should be recognized in the presence of the photographers, editors, and curators who attend the festival. We also felt that it was important to stimulate other professionals by Mr. Gilabert's example.

Gustavo Gilabert's work sets a standard for future FotoFest prize winners who will be selected by FotoFest and Interpress Photo from the photojournalists who submit their work to the Interpress jury.

Frederick C. Baldwin
President of FotoFest

EL PREMIO FOTOFEST

En junio de 1991, como miembro del jurado de la Organización Internacional de Periodistas (Interpress), vi el trabajo excepcional del fotoperiodista argentino Gustavo Gilabert. Todos los años, la Organización Internacional de Periodistas, con sede en Praga, Checoslovaquia, otorga premios a fotoperiodistas de todo el mundo.

Gilabert recibió dos de los premios más importantes de Interpress por su sobresaliente ensayo sobre la epidemia de cólera en el Perú. No sólo que enfrentó una situación peligrosa con habilidad profesional, sino que proporcionó una vista estilísticamente lírica y compasiva de las personas que fotografió. Debido a que las víctimas de la cólera fueron fotografiadas de modo que protegiera su dignidad, el espectador se siente unido a esas personas en vez de repelido por la enfermedad mortal y las condiciones que causan la diseminación de la misma. Este es un logro extraordinario, aún entre los mejores fotoperiodistas.

Con el apoyo de mis colegas del jurado Interpress, compuesto por miembros de Argentina, Brasil, Checoslovaquia, Egipto, Estados Unidos de América, Francia, Hungría, Polonia y la ex Unión Soviética, decidí que sería apropiado traer a Gustavo Gilabert a FotoFest para que otros pudieran ver sus obras. El jurado creyó que el talento y profesionalismo, de Gilabert, así como su tenacidad y valentía, deberían reconocerse en presencia de los fotógrafos, editores y curadores participantes en el festival. También creímos que era importante incentivar a otros profesionales mediante el ejemplo del Sr. Gilabert.

La obra de Gustavo Gilabert establece la norma para los futuros premiados de FotoFest que serán seleccionados por FotoFest e Interpress Photo de los fotoperiodistas que presentan sus trabajos al jurado de Interpress.

Frederick C. Baldwin
Presidente de FotoFest